주니어미디어오늘

리터러시,
다르게 생각하는 힘

차례

커버스토리

미디어로 말하기

©SCATTER LAB_이루다 AI 페이스북

"말동무 해주는 '채팅봇'이 잇따른 막말로 논란이 됐어요. 어쩌다가?"   68p

디지털 리터러시

주니어미디어오늘

미디어를 말하기

"같은 사건을 놓고 서로 다른 주장을 하는 뉴스, 현명하게 읽는 방법은?" 148p

스크린 리터러시

저널리즘 씽킹

달걀 한 판을 훔친 '코로나 장발장'에게 징역형을? 202p

미디어 다시 읽기

오늘 뭐 볼래?

편집장의 말

다르게 생각하면 다른 세상이 보여요

글 이정환 미디어오늘 대표

재산, 학력, 나이, 환경이
각기 다른 사람들에게
공정하게 떡을 나눠주려면
어떡해야 할까요?

상자를 나눌 수도 있지만
울타리를 허물 수도 있어요,
질문을 멈추지 마세요

야구 경기장에 높은 울타리가 쳐 있습니다. 옆에 있는 그림을 보세요. 키가 크거나 작거나 하나씩 상자를 딛고 올라선다면 여전히 키가 작은 사람은 경기를 볼 수 없을 겁니다.

이런 상황은 평등하지만 공평하다고 할 수 없겠죠. 우리는 평등한 세상을 꿈꾼다고 말하곤 하지만 실제로 어떤 종류의 기계적인 평등은 실질적인 불평등을 만듭니다.

하지만 왼쪽 그림처럼 키 큰 사람이 상자를 하나 양보해서 키가 작은 사람에게 더 많은 상자를 준다면, 그래서 세 사람 모두 경기를 함께 즐길 수 있다면 좀 더 공평한 결과가 될 것입니다.

우리는 세상이 평등하지만 공평하지 않을 때가 많다는 사실을 잘 알고 있습니다. 누구나 서 있는 자리에 따라, 그리고 보는 방식에 따라 이해관계가 달라지게 됩니다.

한 대학 교수가 장난 삼아 만든 이 이미지는 수백 가지의 다른 버전으로 변형돼서 돌아다니고 있습니다. 이런 걸 소셜 '밈(meme)'이라고 하죠. 리처드 도킨스가 '이기적 유전자'에서 소개한 '문화 유전자(cultural gene)'가 소셜 네트워크를 타고 유행처럼 확산되면서 진화하는 현상을 말합니다.

왼쪽 그림이 평등(equality)이라면 오른 그림은 공평(equity)이라고 할 수 있을 겁니다. 누군가는 같은 그림을 보고 동등한(equal) 것이 공정한(fair) 것은 아니라고 해석하기도 했고요. 정의(justice)롭지 않다고 평가

평등(equality)과 공평(equity).

하기도 했습니다.

　하지만 생각하기에 따라 누군가에게는 공정한 것이 누군가에게는 부당할 수도 있습니다. 왜 내 상자를 다른 사람에게 줘야 하지? 내가 가진 것이 많다는 이유로(키가 크다는 이유로) 내가 가진 것을 빼앗기거나 다른 사람이 받는 혜택을 나는 받지 못해도 괜찮은 걸까? 이렇게 생각할 수도 있고요.

　아예 생각의 틀을 바꿔볼 수도 있습니다. 상자를 몇 개 쌓느냐의 문제가 아니라 애초에 왜 울타리가 필요한 거지? 울타리가 없다면 모두가 함께 경기를 즐길 수 있지 않을까? 세 번째 그림을 누군가는 해방(liberty)이라고 부를 것입니다. 격차 없는 세상이라고 부를 수도 있을 거고요.

　하지만 만약 이 곳이 유료 티켓을 끊어야 관람할 수 있는 경기장이라면 상자를 딛고 올라서거나 울타리를 허무는 것이 오히려 옳지 않은 일이 될 수도 있습니다. 공짜가 아니던 게 공짜가 되면 누군가는 일자리를 잃게 될 수도 있습니다.

　울타리를 허물지 못한다면 공평하게 상자를 늘리자는 의견이 있을 수도 있고요. 물론 그 상자 역시 공짜가 아니기 때문에 누군가는 비용을 부담해야 합니다. 울타리를 조금 낮출 수도 있겠죠.

이 그림들에서는 울타리로 표현됐지만 이런 갈등은 단순히 키 차이의 문제가 아닐 수도 있습니다. 출신 지역이나 출신 학교일 수도 있고 피부 색일 수도 있습니다. 빈부 격차일 수도 있고요. 남녀 성별 차이일 수도 있습니다. 장애와 성적 지향에 따른 차별일 수도 있고요.

여전히 누군가는 능력에 따른 공정한 경쟁을 이야기할 것이고 다른 누군가는 애초에 경쟁의 규칙이 공정하지 않다고 반박할 것입니다. 이 울타리는 단순히 축구 경기를 볼 수 있느냐 없느냐의 문제를 넘어 공정한 기회가 주어지느냐 여부의 문제로 해석할 수도 있습니다. 누군가에게는 애초에 출발선이 다를 수도 있으니까요.

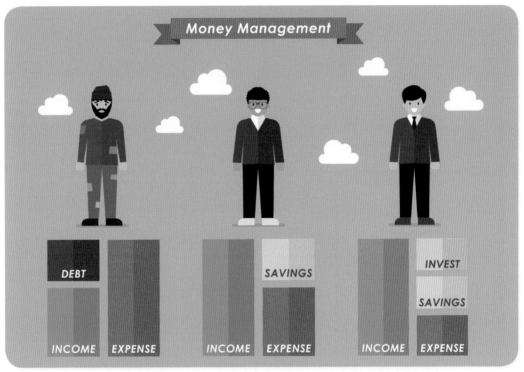

기회의 균등이라고 하지만 애초에 출발선이 다른 경우 격차가 갈수록 벌어지게 된다.

현실에서는 대학을 졸업한 사람과 졸업하지 않는 사람의 출발선이 다릅니다. 서울에 있는 대학과 지방에 있는 대학의 학생들이 맞닥뜨릴 현실을 누군가는 노력과 실력에 따른 정당한 차별이라고 생각할 수도 있을 것입니다. 부모에게 부동산을 물려받은 누군가는 훨씬 더 빨리 안정적인 궤도에 올라섭니다. 여전히 현실에서 누군가는 임신을 했다는 이유로 회사를 그만둬야 하고 누군가는 정규직이 아니라는 이유로 훨씬 더 위험한 환경에서 일을 해야 합니다. 너무 어리다는 이유로 또는 너무 나이가 많다는 이유로 부당하게 배제되거나 차별을 감수해야 하는 경우도 많습니다.

　심리학 연구에 '최후 통첩(Ultimatum)' 게임이라는 게 있습니다. 한 친구에게 1만 원을 주고 다른 친구와 나눠 가지라고 합니다. 만약 다른 친구가 부당하다고 생각해서 안 받겠다고 하면 1만 원을 빼앗기게 되고요. 내가 9000원을 갖고 친구에게 1000원을 주겠다고 하면 친구가 싫다고 할 가능성이 크고 그럼 둘 다 한 푼도 못 받게 됩니다. 이 실험에서 많은 사람들이 사이좋게 5000원씩 나눠 갖는 걸 선택했습니다.

©Wikimedia Commons

최후 통첩 게임의 분포. 친구에게 1000원을 주고 내가 9000원을 가질 수도 있지만 친구가 거절할 경우 1만 원을 다 잃게 된다. 평균을 내보면 3500원까지는 동의하지만 그보다 적을 경우 거절하는 경우가 더 많다.

친구 입장에서는 1000원만 받아도 이익이겠지만 옳지 않다고 생각할 경우 나는 포기할 테니 너도 9000원을 못 받게 만들겠어, 이렇게 거절할 수도 있죠. 그래서 상대방이 거절할 경우를 고려해서 공정한 분배를 하게 되는 것입니다.

하지만 '최후 통첩'을 변형한 '독재자(dictator)' 게임에서는 조금 다른 결과가 나왔습니다. 게임의 규칙을 바꿔서 친구가 거절하건 말건 그냥 알아서 나눠 가지라고 한 것이죠. 그랬더니 평균 7000원을 선택하고 3000원을 친구에게 줬습니다.

1만 원을 다 가질 수도 있고 친구에게 1000원만 주고 9000원을 가질 수도 있겠지만 이런 경우에도 어느 정도 공정과 정의에 대한 양심이 작동하는 것입니다. '최후 통첩' 게임과 '독재자' 게임을 비교하면 양심보다 더 강력한 것이 사회적 압력이라는 걸 알 수 있습니다. 친구의 동의를 얻지 못할 경우 모든 것을 잃을 수도 있다는 두려움이죠. 실제로 '최후 통첩' 게임에서는 친구가 거절하는 기준이 평균 3500원이었습니다. 3400원만 돼도 차라리 안 받겠다고 할 가능성이 크다는 이야기입니다.

4차 산업혁명의 시대에 K자형 양극화가 심화되고 있다. 누군가는 에스컬레이터를 타고 오르지만 누군가는 내리막길을 맞닥뜨리는 상황이다.

우리에게는 공정에 대한 갈망이 있습니다. 누구나 좀 더 평등하고 정의로운 세상을 꿈꾸지만 구호를 걷어내고 보면 우리가 생각하는 평등과 공정, 정의는 모두 다릅니다. 우리는 우리가 어떤 세상에 살고 싶은지에 대해 이야기할 수 있습니다. 그런 세상을 만들기 위해 무엇이 필요한지에 대해 이야기할 수 있고 실제로 뭔가를 실험하고 행동에 나설 수도 있습니다.

'분배 정치의 시대'를 쓴 제임스 퍼거슨 미국 스탠퍼드대학교 교수는 "대량 생산과 만연한 빈곤의 세계에서 가장 필요한 것은 더 많은 생선도, 더 많은 어부도 아닙니다. 문제는 분배, 그리고 분배를 둘러싼 정치"라고 강조했습니다.

물고기를 한 마리 주면 하루만 배부르겠지만 물고기 잡는 법을 알려주면 평생을 배부르게 할 거라는 게 오래된 격언이지만, 기본적으로 생산 중심의 접근이었죠. 우리는 이제 물고기를 나눠줘야 하는 분배 정치의 시대에 진입하고 있습니다. 인공지능이 새로운 가치를 창출하고 괜찮은 일자리는 계속 줄어듭니다. 격차가 너무 벌어지면 시스템이 흔들리고 지속 가능성이 위협받게 됩니다.

우리는 상자를 몇 개 어떻게 나눠가질까 이야기할 수 있지만 상자와 울타리를 모두 걷어 치우는 새로운 시스템에 대해 이야기할 수도 있습니다. 그래서 재벌 회장의 아들에게도 의무급식을 제공하고 코로나 바이러스로 문을 닫은 상점 주인에게 국가가 보상을 하는 것입니다. 최저 생계 보장을 넘어서서 우리 모두의 보편적인 권리를 위한 새로운 상식을 만들어야 할 때입니다.

미디어는 세상을 보는 창입니다. 어떻게 읽느냐에 따라 우리를 고정 관념에 가두기도 하고 새로운 가능성과 상상력을 펼쳐 보이기도 하죠. 다르게 생각하는 힘은 그래서 중요합니다. 질문과 반론을 거쳐야 비로소 본질에 이를 수 있기 때문입니다.

미디어 교육학자 패트리샤 오프더하이디(Patricia Aufderheide)의 정의에 따르면 미디어 리터러시는 "미디어에 접근하고, 미디어를 분석하고, 평가하고, 창조하고, 행동할 수 있는 능력"을 말합니다. 미국 미디어리터러시교육협회(NAMLE)는 "미디어 리터러시는 사람들에게 비판적으로 사고하고, 미디어를 만들고, 효과적으로 의사 소통하고 적극적인 시민이 될 수 있는 능력을 부여한다"고 설명합니다.

앞으로 주니어미디어오늘에서 계속 다루겠지만 미디어 리터러시는 다음의 다섯 가지 핵심 개념으로 시작합니다.

첫째, 우리가 읽고 보고 듣는 미디어의 모든 메시지는 누군가에 의해 만들어진 것입니다.
둘째, 미디어의 모든 메시지는 창의적인 언어로 구성됩니다.
셋째, 사람들은 같은 메시지를 서로 다르게 받아들입니다.
넷째, 미디어에는 가치와 관점이 개입돼 있습니다.
다섯째, 대부분의 미디어는 이익과 권력을 얻기 위해 조직됩니다.

여기에서 다음과 같은 여러 가지 질문을 만들어 볼 수 있습니다.

- 누가 이것을 썼을까.
- 어떤 메시지를 어떻게 전달하는가.
- 우리가 이 메시지에 끌린다면 이유는 무엇일까.
- 다른 사람들은 이 메시지를 어떻게 이해하는가.
- 내가 이해하는 것과 어떻게 같고 어떻게 다른가.
- 여기에는 어떤 삶의 방식과 가치관, 관점이 반영돼 있는가. 또는 반영돼 있지 않은가.
- 왜 이런 메시지를 만들었을까.
- 그들이 말하지 않는 것이 무엇일까.
- 이걸 다르게 생각해 볼 수는 없을까.

핵심은 우리가 보고 듣는 것들을 당연하게 받아들여서는 안 된다는 것입니다. 끊임없이 의심하고 질문하고 의도를 묻고 검증하고 다시 생각해야 합니다. 현상의 이면을 보고 뉴스의 행간을 읽어야 합니다. 드러난 것 못지않게 드러나지 않는 것을 읽을 수 있어야 합니다. 고정관념과 편견에 맞서야 합니다. 그 어느 것도 믿지 말아야 하지만 논리와 근거를 갖춰 나만의 생각과 주장을 만들어야 합니다.

미디어 리터러시는 그래서 '다르게 생각하는 힘'이라고 새롭게 정의할 수 있습니다. 미국 미디어리터러시센터는 "비판적 사고가 없는 교육은 미디어 리터러시 교육이라고 할 수 없다"고 규정하기도 했지만 비판적 사고를 구성하는 것이 결국 다르게 생각하는 힘이니까요.

주니어미디어오늘 2호에서는 새로운 생각을 만드는 다양한 뉴스 읽기 방법론을 소개했습니다.

온 국민이 분노했던 뉴스가 알고 보니 전혀 다른 사연과 맥락이 있었습니다. 우리가 당연하다고 생각하는 결론이 실제로 현실과 겉도는 경우도 많고요. 온라인과 소셜로 소통의 공간이 옮겨오면서 새로운 갈등과 충돌이 나타납니다. 보고 싶은 것만 보고 믿고 싶은 것만 찾는 확증 편향도 늘어나고 있습니다. 우리는 우리가 합리적이고 이성적이라고 생각하지만 제한된 정보와 누적된 학습의 결과가 우리의 사고를 지배합니다. 언론이 늘 진실을 말하는 것은 아니고 애초에 진실이라는 것은 상대적이고 각자의 이해관계에 따라 다를 수밖에 없습니다.

다르게 생각하기 위해서는 다르게 보고 다르게 읽어야 합니다. 새로운 상상력을 불러일으키고 우리 사고의 폭과 깊이를 넓혀줄 좋은 읽을거리를 찾아야 합니다. 주니어미디어오늘 2호와 함께 모험을 떠나 보시죠. 🖸

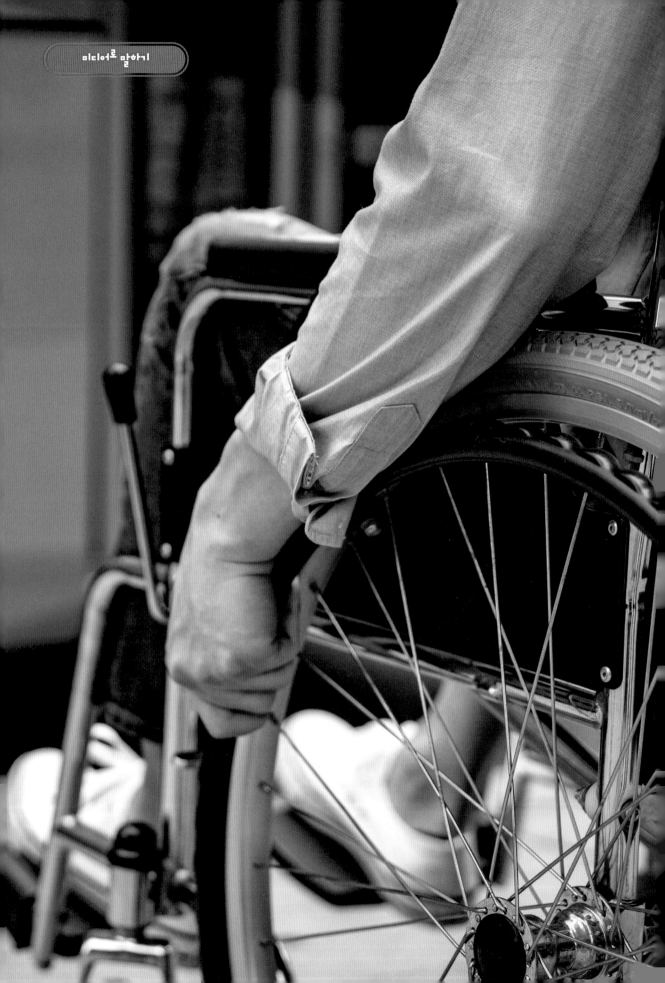

익숙한 것들이 달리 보이는 마술, '함박TV'가 세상에 던진 메시지

글 금준경 미디어오늘 기자

"지하철과 버스를 돌아다니며
영상을 찍는 장애인 마술사 아저씨를
따라다녀봤어요"

한 시간 반을 기다려 버스 탑승 포기… 휠체어 타고 찍은 대중교통 체험

지하철역 곳곳을 누비며 촬영하는 유튜버가 있다는 사실 알고 계시나요? 이 분은 휠체어를 타고 다니는 장애인입니다.

무려 수도권 지하철 93곳을 다니며 영상을 찍었다고 해요. 복잡한 실타래처럼 얽힌 지하철 노선도에 있는 거의 모든 환승역을 가봤다고 하는데요. 이렇게 많은 역을 돌아다니며 어떤 영상을 찍은 걸까요? 유튜브 채널 '함박TV'를 운영하는 함정균씨를 만났어요.

함정균이라는 이름이 낯설죠? 포털 사이트에서 그의 이름을 검색해보면 '유튜버 함정균'이 아니라 '마술사 함정균'이 떠요. 2003년 일본 세계마술대회 우수연기상 등 수상 실적이 눈에 들어와요. 함정균씨는 원래 마술사였는데 지금은 마술을 못하게 됐어요. 2013년 오토바이 사고를 당해서 몸을 움직이지 못하는 척수장애 판정을 받았기 때문이에요. 이후 재활치료를 열심히 한 덕분에 상반신은 움직일 수 있게 됐지만 움직임이 완벽하지는 않아요.

휠체어를 타고 생활하기 시작하면서 그는 많은 불편함을 느끼기 시작했어요. 특히 어느 날 약속 장소에 가기 위해 전동 휠체어를 타고 지하철을 처음 탔던 순간을 그는 잊지 못한다고 해요.

"장애가 없는 분들은 못 느낄 걸요? 튼튼한 두 다리가 있으면 계단이 보이면 계단 따라 올라가고, 에스컬레이터가 보이면 에스컬레이터 타면 되고, 모르는 길도 환승 안내를 따라가면 되죠. 그런데 장애인들은 이동하기도 힘들고, 환승 동선 표시도 없어요. 환승하는 데 30~40분씩 걸린 적이 몇 번 있어요. 그래서 열받아서 나중에 올 때 길을 잃지 않기 위해 영상을 찍어 올렸어요. 내 불편함을 해소하기 위해서 유튜브를 하게 된 거죠."

비장애인들은 지하철에서 환승을 할 때 별로 불편을 느끼지 못하죠. 처음 방문한 역이어도 안내판을 따라가다 보면 금방 길을 찾을 수 있어요. 종종 환승 거리가 멀어서 힘든 경우가 있긴 하지만요. 그런데 장애인들에겐 차원이 다른 문제였어요. 안내판을 열심히 쳐다봐도 계단으로 움직일 수 없거든요.

지하철 환승은 길 찾기 외에도 난관이 있어요. 엘리베이터가 점검 중이면 이동할 방법이 없어요. 한 번은 동대문역사문화공원역에서 환승하려고 했는데 엘리베이터가 점검 중이라 동대문역으로 이동했어요. 그런데 여기도 점검 중이었다고 해요. 결국 또 다시 지하철을 타고 혜화역으로 이동해야 했다고 합니다. 이런 일을 겪은 함정균씨는 약속이 있으면 1시간 정도는 변수가 있다고 생

유튜브 '함박TV' 운영자 함정균씨.

각하고 미리 출발하는 습관이 생겼다고 해요.

함정균씨는 자신을 위해 영상을 찍어 올렸는데, 놀라운 일이 벌어졌어요. 영상이 필요한 사람들이 나타나기 시작한 것이죠. 함정균씨는 그때를 떠올리며 이렇게 말했어요.

"다른 장애인들이 이 영상을 보고 댓글을 통해 감사하다고 하더라고요. 심지어는 유모차를 끄는 어머니들이 감사를 표하기 시작했어요. 유모차를 끌고서 환승하기도 쉽지 않았던 거죠. 한 번은 지하철에서 저를 알아보고 유모차를 끌고 환승하는 데 도움이 됐다고 감사인사를 하신 분도 계셨어요. 장애인 뿐 아니라 비장애인을 위해서도 뭔가 하고 있다는 뿌듯함을 느꼈어요. 구독자가 많은 채널은 아니지만 사회에 꼭 필요한 채널이라는 생각이 들었어요."

수도권 지하철 가운데 환승역이 100곳이 있다고 해요. 함정균씨는 이 중에서 93곳에서 휠체어 환승 영상을 찍어 올렸어요. 7곳은 왜 안 찍은 걸까요? 이 곳들은 환승역이긴 하지만 지하철에서 내리면 반대편에서 바로 탈 수 있거든요.

함정균씨는 어떻게 영상을 촬영하고 있을까요? 초창기엔 손에 스마트폰을 들고 찍었는데 손이 떨려 카메라가 심하게 흔들려서 대책이 필요했어요. 그래서 전동 휠체어 한쪽 기둥에 360도 카메라를 부착했어요. 시선 정면이 아니라 각도가 마음에 들진 않았지만 그래도 안정적으로 촬영이 가능해졌다고 해요.

보조 카메라가 필요할 때도 있는데, 그럴 땐 DSLR 카메라를 목에 달고 촬영을 해요. 유튜버로서 촬영과 편집 등 기술을 배우기 위해 방송콘텐츠진흥재단에서 운영하는 1인 미디어 제작스쿨을 다녔다고 합니다. 유명 유튜버에 비하면 영상 퀄리티가 높은 건 아니지만 자신의 콘텐츠를 유용하게 생각하는 사람들이 있기에 영상의 가치가 매우 크다고 할 수 있죠.

함박TV '휠체어 장애인 버스 탑승 상황! 서울의 저상버스 여행 korea bus'

함정균씨는 지하철 환승 영상에 이어 '버스 이동 영상'에 도전했어요. 자신의 채널이 장애인의 보행권을 위해 목소리를 낸다는 점에서 주목을 받다 보니 같은 콘셉트를 유지하면서 영상의 영역을 확장하게 된 거죠.

특히 "휠체어 장애인 버스 탑승 상황! 서울의 저상버스 여행, 코리아 버스" 영상은 조회수가 무려 92만 회를 기록했어요. 인기 유튜버들도 쉽게 달성하기 힘든 조회수인데요. 어떤 내용일까요? 서울 버스를 타는 영상인데 버스 정차와 동시에 장애인 휠체어용 발판이 자동으로 나와요. 함정균씨가 버스에 탑승하자 기사가 운전석을 나와서 승객들에게 일일이 양해를 구하고 의자를 접어서 휠체어 자리를 마련하는 모습이 이어져요.

함정균씨는 이 영상을 기획할 때부터 많은 사람들이 볼 것이라고 예상했어요. 성공 비결은 바로 '사람들에게 놀라움을 줬기 때문'이라고 생각하거든요.

"영상 댓글을 보면 두 군데서 놀라요. 장애인이 버스를 탄다는 점에서 놀라고, 버스 기사들이 친절해서 놀랐어요. 카메라가 앞에 있으니 기사님들이 친절한 거 아니냐고 하시는 분들이 있는데 저 기사님들은 카메라가 없어도 그렇게 일하세요. 서울 버스 기사님들은 인식개선이 잘 돼 있거든요."

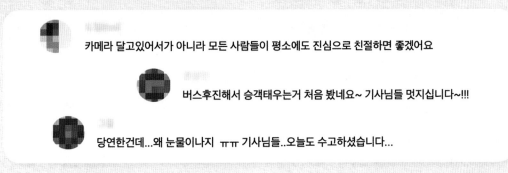

이렇게 훈훈한 장면이 주목받긴 했는데, 사실 이후에 올라온 영상을 보면 고구마처럼 답답함을 유발하기도 합니다. 경기도에서 버스를 타려고 시도하는 영상인데요. 서울 버스와는 다르게 도착한 버스에서 장애인 탑승용 발판이 나오지 않아요. 결국 버스는 떠나고, 뒤이어 도착한 버스에서도 발판이 고장났네요. 함정균씨는 그렇게 한 시간 반을 기다리다 결국 버스 탑승을 포기하고 떠나게 돼요. 영상에서 함정균씨는 이렇게 말해요. "출발 전에 발판 확인만 했어도..."

생각해보면 장애인에 대한 이야기는 TV와 같은 미디어에서는 잘 다뤄지지 않고 있어요. 장애인은 언제나 우리 주변에 있지만 TV에서는 잘 등장하지 않죠. 예능 프로그램 출연자나 애니메이션 캐릭터가 장애인인 경우는 거의 없죠. SBS 드라마 '스토브리그'에서 주인공 동생이 장애인으로 나오는데 아주 예외적인 사례로 꼽힐 정도예요. 이런 상황에서 함정균씨는 미디어가 보여주지 않는 사람들의 목소리를 내는 역할을 하고 있는 거죠.

아 참, 함정균씨는 '스토브리그'에도 아쉬운 점이 있었다고 해요.

"'스토브리그'에서 주인공 동생이 장애인으로 나오는데, 그가 대중교통을 타고 이동하면서 동료들과 대화하는 장면을 내보냈다면 좀 더 낫지 않을까 이런 생각을 해요. 사실 미디어는 장애인들이 겪는 불편에 대해서 다루는 경우가 있고, 그러면서 세상이 바뀌기도 해요. 하지만 이에 못지 않게 장애인의 일상을 보여주면 좋겠어요. 그러면 장애인이 버스를 타는 일이 더는 낯설지 않을 거라고 생각해요. 그러면 기사님들도 저상버스 발판이 안 나오면 안 되겠다는 생각이 들어서 점검을 한 번이라도 더 하게 되겠죠?"

함정균씨는 대단한 기술이나 장비를 갖추지 않았지만 자신의 영상을 필요로 하는 사람이 어딘가에 있었어요. 유튜브를 통해 미디어가 제대로 조명하지 않은 사람들의 목소리가 커지고 있어요. 우리 스스로 미디어가 될 수 있는 거죠. 우리 주변에는 또 어떤 채널들이 다양한 목소리를 내면서 세상을 바꾸고 있는지 살펴보면 좋겠어요. 🔲

세상을 바꾼 아이들

1조 그루 나무의 꿈,
변화를 만들려면 이야기를 시작하세요

글 강지예 아나운서

"세상을 바꾼
아홉 살 환경 운동가 이야기"

몇 년 전 제가 살고 있는 아파트 앞 공원에 나무가 잔뜩 심어져 있어 의아했던 적이 있습니다. 궁금한 마음에 공원 관리하시는 분께 여쭤보니 얼마 전에 사람들이 찾아와서 나무심기 운동을 했다고 하더라고요. 인터넷에 찾아보니 "플랜트포더플래닛(Plant For The Planet, 나무를 심어요, 지구를 위해)"이라는 이름의 운동이었어요. 독일에 사는 아홉 살 소년이 이 운동을 시작했다는 것을 알고 얼마나 놀랐는지 몰라요.

오늘은 여러분께 세상을 바꾼 아이들 첫 번째 순서로 환경 운동가 펠릭스 핑크바이너(Felix Finkbeiner)를 소개하려고 합니다.

2007년 겨울 펠릭스는 자신의 운명을 바꾼 숙제 하나를 받았어요. 지구 온난화에 대해 공부하고 반 친구들에게 발표하는 것이었습니다. 그래서 펠릭스는 지구 온난화를 다룬 영화와 책을 보면서 발표 준비를 하지요. 온실가스로 인해 대기가 뜨거워지고 빙하가 녹아 해수면이 올라가면서 북극곰은 물론이고 우리의 미래도 망가진다는 것을 알게 됩니다.

©Plant for the Planet

환경 운동가 펠릭스 핑크바이너.

펠릭스는 깊은 고민에 빠졌어요. 어떻게 하면 이산화탄소를 줄일 수 있을까? 지구 온난화를 막기 위해 우리가 할 수 있는 일은 없을까? 하고요. 펠릭스는 지구를 살리기 위해 나무 심기 운동을 해야겠다고 결심합니다. 여러분, 이 운동은 독일 전역에서 유럽 전역으로 또 전 세계로 퍼지는데요.

기적이 일어난 것일까요? 어떻게 이런 일이 벌어질 수 있었을까요? 저는 크게 세 가지 이유 때문이라고 생각합니다.

첫째, 자신의 생각을 다른 사람에게 이야기해야 합니다

펠릭스는 "북극곰의 멸종"이라는 주제로 반 친구들에게 발표를 합니다. 온실가스 효과가 무엇인지 또 이산화탄소가 대기를 어떻게 뜨겁게 만드는지 친구들에게 원리를 알려주죠. 펠릭스는 반 친구들에게 지구 온난화를 막기 위해서는 나무를 심어야 한다고 말했어요. 펠릭스의 발표는 반 아이들과 선생님의 마음을 흔들었고 나무 심기 운동을 함께하기로 마음먹게 되죠.

저는 여러분들이 좋은 생각을 가지고 있다면, 소셜 미디어에 글을 쓰거나 아니면 다른 누군가에게 적극적으로 여러분의 생각을 이야기해야 한다고 생각합니다. 생각에 머물기보다는 쓰고 말하고 다른 사람들의 생각을 듣는 과정에서 이야기가 힘을 갖게 됩니다.

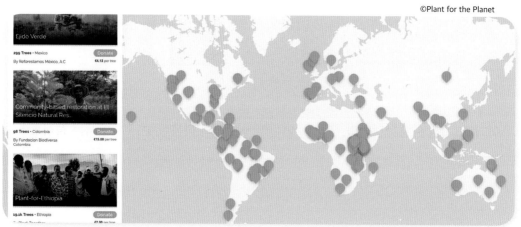
©Plant for the Planet

플랜트포더플래닛 홈페이지에 가면 지금 나무를 심고 있는 지역을 인공위성 사진으로 확인할 수 있다.

둘째, 진짜 마음, 진심을 전달해야 해요

지구를 살리겠다는 펠릭스의 애정과 걱정은 다른 사람들을 움직이게 했습니다. 처음에는 반 친구들로 시작해서 건너편 학교와 마을과 나중에는 독일 전역으로 이어집니다. 펠릭스의 진심 어린 호소에 아이들의 마음이 움직이게 됩니다. 왜 움직였을까요? 진심이었으니까요.

플랜트포더플래닛.

©Plant for the Planet

여러분, 진심은 통한답니다. 그렇기 때문에 누군가의 마음을 얻기 위해서는 정직한 말을 해야 한다고 생각합니다. 펠릭스의 꾸밈없는 말투는 아이들 뿐 아니라 어른들의 마음을 움직이게 했지요. 진정성이야말로 다른 사람의 마음을 훔치고, 그들을 움직이게 한다는 것을 잊지 마세요.

셋째, 혼자 할 수 있는 일은 없어요. 함께 해야 해요

여러분, 이 나무 심기 운동을 펠릭스 혼자 한 것 같나요? 전 아니라고 생각합니다. 펠릭스가 시작한 것은 맞지만 친구들이 없었다면 펠릭스의 나무심기 운동은 세계 곳곳으로 퍼지지 않았을 거예요. 혹시 여러분들 주변에 같이 할 사람들을 찾을 수 없다면 소셜 미디어나 유튜브를 활용하는 것도 좋을 거예요. 펠릭스는 이렇게 말합니다.

"절대 잊지 마세요. 모기 한 마리는 코뿔소에게 아무것도 할 수 없지만 대신 수천 마리 모기는 코뿔소의 길을 바꿀 수 있다는 것을요."

펠릭스는 친구들과 함께 했기 때문에 이 운동을 시작할 수 있었고, 결국 큰 변화를 일으켰다고 생각합니다.

©Plant for the Planet

플랜트포더플래닛은 초콜릿을 판매하고 있는데 초콜릿 5개를 구매하면 한 그루의 나무를 심을 수 있다.

펠릭스는 1997년생이고 처음 100만 그루 나무심기를 제안했을 때가 아홉 살인 2007년이었어요. 열세 살에 유엔(UN)에서 연설을 했고요. 플랜트포더플래닛은 이제 7만5000명이 넘는 회원이 참여하는 국제 조직으로 성장했고요. 이들이 심은 나무가 벌써 1500억 그루에 이른다고 해요.

UN에 초대된 펠릭스는 어른들에게 이렇게 말했습니다. "어린이들도 알고 있습니다. 어른들이 환경 위기에 대해 모든 것을 알고 있다는 사실을요. 그러나 우리는 이해할 수 없습니다. 왜 이렇게 방관하고 계세요? 이제는 어린이와 어른, 우리가 모두 함께해야 할 시간입니다. 우리는 힘을 모을 수 있습니다. 우리는 1조 그루의 나무를 심을 수 있습니다. 지금부터라도 1조 그루의 나무 심기 캠페인을 시작해야 합니다."

　　펠릭스의 이 연설로 인해 세계적으로 여러 나라에서 펠릭스의 나무 심기 캠페인에 더 적극적으로 참여하게 되었죠. 어느덧 성인이 된 펠릭스는 1조 그루의 나무를 심기를 달성하기 위해 오늘도 노력하고 있습니다.

　　여러분, 자신의 진심을 말하는 것이 중요합니다. 말을 하면 변화가 시작됩니다. 말하지 않으면 아무도 모르기 때문이죠. 여러분들의 생각이 옳다면 분명 여러분들을 도와줄 누군가가 나타날 것이라고 생각합니다. 그러니 여러분들도 지금 바로 글을 쓰고 말해보세요. 펠릭스처럼 여러분들도 세상을 바꿀 수도 있습니다. 🔲

강지예 아나운서

현재 아나운서 출신의 스피치라이터로 활동하고 있습니다.
서강대 언론대학원에서 해외 교육 프로그램과 국내 교육프로그램에 나타난 반편견교육에 대한 사례연구로 논문을 썼습니다.

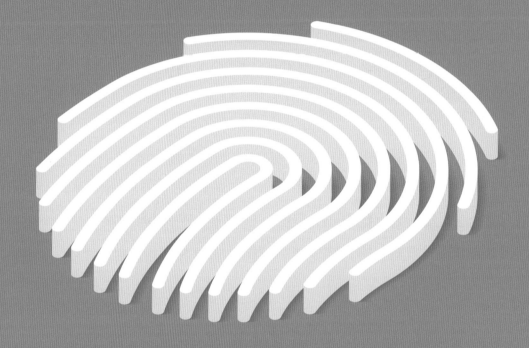

"개인정보를 허용하시겠습니까" 클릭 한 번이 부른 변화

글 이정환 미디어오늘 대표

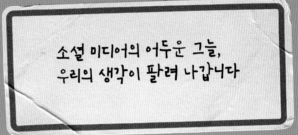

소셜 미디어의 어두운 그늘,
우리의 생각이 팔려 나갑니다

"해수욕장은 여기까지 끝, 여기서부터는 사유지입니다"라는 팻말과 "경고, 상어 출몰 위험 지역"이라는 팻말 가운데 어느 것이 더 효과적일까요. 당연히 상어에 잡아 먹히고 싶은 사람은 없죠. 실제로 상어가 있든 없든 두 번째 팻말이 사람들을 돌려 세울 것입니다.

"해수욕장은 여기까지가 끝, 여기서부터는 사유지입니다"

정치 메시지 역시 마찬가지입니다. "변화가 필요하다"는 등의 똑같은 메시지를 불특정 다수에게 뿌리는 것으로 사람들의 생각을 바꿀 수 없습니다. "갈아엎자"는 건 50년 전에나 먹히던 메시지고요. 이미 알고 있거나 믿고 있는 사실을 확인시킬 뿐이죠.

"경고, 상어 출몰 위험 지역"

그래서 2016년 미국 대통령 선거에서 케임브리지애널리티카는 노골적으로 상어가 출몰한다는 메시지를 만들어서 뿌렸습니다. 불안과 공포, 혼란을 부추기면서 생각을 바꾸게 만들었죠. 그게 사실인지 아닌지는 중요하지 않았습니다.

2016년 미국 대통령 선거에서 트럼프 캠프는 5000개 이상의 개인 맞춤형 광고를 돌렸습니다. 페이스북 데이터 수집에 700만 달러 이상을 투자해서 5000만 명 이상의 데이터를 확보한 것으로 확인됐습니다. 실제로 미국인 2억5000만 명의 데이터 모델을 만들었다고 하죠. 18세 이상 미국인들 거의 대부분의 데이터를 끌어모은 것입니다.

이를테면 케임브리지애널리티카의 분류에 따르면 조지아주에서는 44만1300명의 '설득 가능'한 그룹이 있었는데 이들에게 900만 건의 타깃 광고를 쏟아 부었습니다. 이들 가운데 76%가 백인 여성이었고 이들은 국가 부채와 임금, 교육, 세금에 관심이 많았지만 멕시코 국경 장벽에 대해서는 듣고 싶어하지 않는 사람들이었죠. 트럼프 유세팀은 '설득 가능'한 그룹이 많은 지역을 집중 방문하고 그렇지 않은 지역은 무시했습니다. 이들에게는 멕시코를 언급하지 않는 대신에 감세를 강조하는 전략이었습니다.

한때 세계 최고의 데이터 분석가로 꼽혔던 케임브리지애널리티카의 최고 경영자 알렉산더 닉스.

누군가는 이런 것을 전략이라고 부르거나 과학이라고 부를 것입니다. 비즈니스의 세계에서는 데이터 기반 마케팅이라고 부르겠죠. 그러나 흑인 유권자들만 찍어서 "힐러리 최상위 포식자" 같은 키워드를 반복 노출하는 것을 단순히 선거 캠페인으로 이해할 수 있을까요.

'타겟티드'는 케임브리지애널리티카에서 디렉터로 일했던 브리트니 카이저가 쓴 책입니다. 프로파일링과 사이코그래픽스를 활용한 여론 조작의 실상은 정말 충격적입니다. 트럼프가 물고 늘어진 힐러리의 발언은 다음과 같았습니다. 흑인 청소년 범죄가 얼마나 심각한지 강조하기 위한 말이었는데요.

"이들은 단순한 범죄 조직이 아니라 최상위 포식자로 불리는 아이들입니다. 양심도 없고 공감도 없습니다."

20년 전 남편 빌 클린턴의 선거 유세에서 했던 말이고 다분히 차별적인 표현이었죠. 트럼프 캠프는 아프리카계 미국인들의 증오심을 자극하기 위해 아무도 기억 못하는 발언을 끌어내 반복 재생했습니다. 실제로 큰 효과를 거뒀고요.

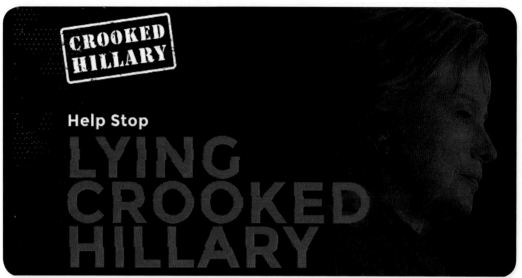

2016년 미국 대통령 선거에서 당시 도널드 트럼프 후보 캠프에서 뿌린 광고 가운데 하나

트럼프 캠프는 고도의 심리 전술을 활용했습니다. 이를 테면 경합 지역에서 '신경 과민' 그룹으로 분류된 30만 명을 타깃으로 설정하고 테스트 메일을 보내면서 반응을 체크했고요. 첫 번째 집단에는 두려움을 조장하는 제목의 메일을 보내고 두 번째 집단에는 안심시키는 제목의 메일, 세 번째 집단에는 두려움과 안심을 모두 주는 메일, 네 번째와 다섯 번째 집단에는 포괄적인 제목의 메일을 보냈다고 합니다. 결과는 두려움을 주는 메시지가 가장 효과적이었다고 하죠. 두려움과 안심을 모두 주는 메일은 거의 효과가 없었고요.

"힐러리를 뽑으면 미국에 파멸이 온다"거나 "힐러리가 미국을 망칠 것이다" 같은 제목의 메일을 이들 '신경 과민' 그룹에 집중 살포한 것입니다. 트럼프를 찍게 하기 위한 캠페인 뿐만 아니라 힐러리를 찍을 가능성이 큰 유권자들이 투표를 포기하게 만드는 캠페인을 병행한 것이죠.

그해 미국 선거에서 가장 흥행에 성공한 콘텐츠는 "부패가 가족 사업이다"라는 제목의 유튜브 영상이었습니다. 무려 2500만 뷰를 기록한 이 영상은 "자신의 가정을 관리할 수 없다면 그 사람은 백악관도 운영할 수 없죠"라는 미셸 오바마의 발언을 잘라 붙인 것이었습니다. 애초에 힐러리를 겨냥한 발언이 아니었지만 교묘하게 힐러리의 남편, 빌 클린턴의 스캔들을 연상하게 하는 발언이었고 효과가 있다고 판단되자 선거 광고로 만들어 뿌린 것이죠.

실제로 케임브리지애널리티카의 자체 분석에 따르면 이 영상은 중도 좌파 성향의 여성들을 보수적으로 돌아서게 했고 여성 유권자들의 투표 가능성을 낮췄다고 합니다.

©Netflix

케임브리지애널리티카 여론 조작을 다룬 넷플릭스 다큐멘터리 '거대한 해킹(The Great Hack)'

브리트니는 이 책에서 "정치 세계에 존재하는 어둠을 봤다"고 털어놓고 있습니다.

"가장 원초적인 본능에 대한 호소, 공포심 조장, 속임수, 서로를 반목하게 만드는 술수. 내가 방심한 사이 끔찍한 어떤 것들이 자라고 있었다. 그것이 미국의 중추 신경을 공격하고 장악해서 사고 방식과 행동, 기능에 문제를 일으켰다."

브리트니는 소셜 미디어와 데이터를 활용해서 뭔가 의미있는 일을 하고 있다고 생각했지만 그게 갈등과 분열을 부추기고 불안을 증폭시키고 민주주의의 근간을 뒤흔드는 일이라는 걸 뒤늦게 깨달았습니다.

정치 전문 매체 폴리티코 이야기도 나옵니다. 트럼프 캠프는 폴리티코에 클린턴 재단의 부패를 비난하는 광고를 실었고 심지어 기사로 싣기도 했습니다. 독자들이 이 기사를 읽는 데 들인 시간은 평균 4분이었다고 합니다. 광고를 4분씩 보는 사람은 없지만 기사로 만들어 놓으니, 그것도 폴리티코가 쓰니까 4분씩 읽게 되는 것이죠. 브리트니가 "이것은 완전히 새로운 세계였다"고 감탄했을 정도입니다. 독자들은 그게 돈을 받고 게재한 기사 형태의 광고라는 사실을 몰랐겠죠.

스탠퍼드대학교 미할 코신스키 교수에 따르면 페이스북 '좋아요' 70개만 있어도 그 사람의 친구들이 알고 있는 것보다 더 많은 것을 알 수 있다고 합니다. 150개면 부모보다 더 많이 알 수 있고 300개면 남편이나 부인보다 더 많이 알 수 있다고 말이죠. 300개 이상이면 내가 나를 아는 것보다 더 많은 걸 알 수 있게 됩니다.

이 글을 읽는 여러분들도 페이스북에서 "당신과 가장 닮은 소설 속 인물"이라거나 "신이 당신을 창조했을 때", "당신에게 가장 어울리는 컬러는?" 등의 퀴즈를 풀었던 기억이 있을 겁니다.

케임브리지애널리틱스가 미끼로 내걸었던 "이것이 당신의 디지털 라이프다(This is your digital life)"라는 제목의 설문은 방문자 게시물과 사진, 그리고 친구 목록까지 긁어갔던 것으로 확인됐습니다. 한국 사람들은 공략 대상이 아니었을 테니 거의 몰랐겠지만요.

Sunburst Chart Visualization

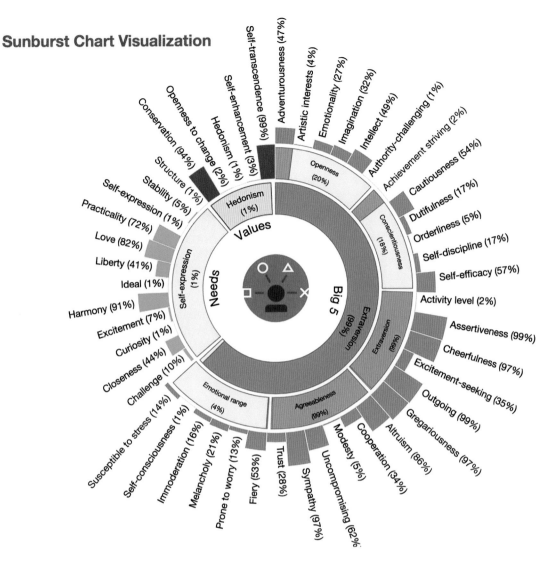

케임브리지애널리티카의 사이코그래픽스 소개 자료 가운데.
모든 미국인을 5가지 유형의 50가지 성격으로 분류하고 각각의 성향을 분석하면서 반응을 추적한다.

이게 바로 페이스북 '오픈 그래프(open graph)'라는 것입니다. 페이스북은 2010년부터 오픈 그래프라는 이름으로 서드파티(협력) 업체들이 페이스북 이용자들의 개인 정보에 접근할 수 있는 API(애플리케이션 프로그래밍 인터페이스)를 제공했습니다. 개인 정보를 활용해서 서드파티 업체들이 돈을 벌게 하고 페이스북도 판을 키우겠다는 전략이었죠. 공유와 개방 등의 그럴듯한 구호를 내걸었지만 결국 개인 정보를 팔아 돈을 벌겠다는 소리였던 셈입니다.

그러니까 내가 "개인 정보를 허용하시겠습니까" 버튼을 누르는 순간, 내 친구의 친구들 타임라인까지 그야말로 탈탈 털리게 된다는 겁니다. 이게 페이스북이 오픈 그래프를 폐쇄한 2015년 4월 이전 상황이었습니다.

내가 어떤 링크에 '좋아요'를 누르고 누구의 글에 댓글을 달고 어떤 글을 공유하고 심지어 어디에서 포스트를 작성했는지 등의 정보가 고스란히 팔려나갔다는 건데요. 심지어 이런 퀴즈를 풀고 난 뒤에도 계속해서 데이터를 긁어가고 이렇게 모은 데이터를 다른 업체(서드파티)에 팔아 넘길 수도 있었습니다.

가디언과 다스마가진 등의 보도에 따르면 알렉산드르 코건이란 사람이 코신스키 교수의 데이터를 빼돌려서 케임브리지애널리티카에 팔아넘겼을 가능성이 큽니다. 케임브리지애널리티카는 페이스북 데이터를 모두 폐기했다고 주장했지만 2017년 미국 대통령 선거 때 이 데이터를 이용해서 방대한 여론 조작을 펼친 것으로 드러났습니다. 페이스북은 데이터를 폐기했다는 주장만 믿고 특별히 확인을 하지 않았던 것으로 밝혀졌고요.

케임브리지애널리티카 스캔들은 정말 충격적이었지만 사실 드러난 건 일부분이었습니다. 이들은 페이스북 개인정보를 부당하게 수집한 것뿐만 아니라 합법적이고 공개적인 방식으로 여론을 움직였습니다.

이를테면 구글에서 '트럼프'와 '이라크 전쟁'을 검색하면 첫 번째 검색 결과에 "거짓말쟁이 힐러리 이라크 전쟁에 찬성 투표, 잘못된 판단"이라는 선거 광고가 뜨게 만든 것입니다. '힐러리'와 '거래'를 동시에 검색하면 '사기꾼 힐러리'라는 웹사이트가 가장 먼저 뜨게 만들었고요. 브리트니는 "클릭 비율이 놀라울 정도로 높았다"고 털어놓았습니다.

5년 전 일이지만 이 문제는 아직 끝난 게 아닙니다. 미국만의 문제도 아니고요. 케임브리지애널리티카라는 특정 기업의 문제가 아니라 우리 주변에서 일상적으로 쏟아지고 있는 흔한 마케팅 기법이죠. 한국에서도 일상적으로 벌어지고 있는 일입니다. 개인정보는 돈이 되니까요. 돈을 들인 만큼 효과도 있고요.

케임브리지애널리티카가 소속된 SCL그룹은 2015년 9월, 트리니다드토바고에서도 선거 컨설팅이라는 이름의 여론 조작을 벌였습니다. 트리니다드토바고는 인도계와 아프리카계가 절반 정도인 나라라고 합니다. 이들은 정치판에 뛰어들어 혐오와 냉소를 퍼뜨리면서 "그렇게 해(Do So)"라는 선거 보이콧 캠페인을 벌였습니다. 투표 당일 인도계 젊은이들은 부모에게 끌려 투표장에 나왔고 아프리카계 청년들은 투표를 포기했고요. 결국 인도계 후보가 당선됐습니다. 애초에 인도계 청년들이 성년이 돼서도 부모 말을 잘 듣는다는 걸 고려한 전략이었던 거죠.

이런 건 단순히 선거 캠페인이라고 부를 수 있을까요? 투표에서 누군가를 선택하게 만드는 게 아니라 투표를 포기하게 만드는 전략이었죠. 실제로 효과가 있는 것으로 드러났지만 민주주의의 근간을 뒤흔들고 공동체를 무너뜨리는 위험한 여론 조작이었습니다.

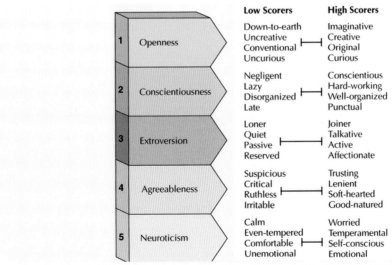

케임브리지애널리티카가 배포한 회사 소개 자료. 케임브리지애널리티카는 미국 유권자들을 50개 유형으로 분류했다.

케임브리지애널리티카의 최고 경영자 알렉산더 닉스가 이런 말을 했습니다.

"우리는 수천만 명의 설문 조사를 실시해서 5000개에 이르는 데이터 포인트를 갖춘 모형을 만들었습니다. 거의 모든 미국인의 성격을 예측할 수 있게 됐습니다. 성격은 행동 양식을 끌어내고 행동 양식은 투표에 영향을 미칩니다."

넷플릭스에 올라와 있는 '거대한 해킹(The great hack)'이라는 영화는 이 사건을 다룬 다큐멘터리입니다. 페이스북이나 유튜브, 네이버, 다음 등의 플랫폼 기업들은 우리 삶에 엄청난 영향을 미치지만 아무런 감시도 통제도 받지 않습니다.

핵심은 기술 기업에 책임성과 투명성을 요구해야 한다는 것입니다. 기술 기업들이 중립적이고 공정하고 도덕적일 거라는 건 착각이라는 거죠. 그렇다고 편파적이고 사악하다고 볼 것까지는 아니지만 언제나 선의로 작동하는 것은 아니죠.

데이비드 캐럴 교수는 이런 말도 했습니다.
"인간으로서 우리의 존엄성은 위태로운 지경입니다. 하지만 제일 힘든 부분은 이런 끔찍한 잔해나 심각한 분열이 어느 한 개인을 한 명씩 조종하면서 시작된다는 거죠. 한 명, 그 다음에 또 한 명, 그 다음에 또 한 명, 그래서 저는 스스로 물을 수밖에 없습니다. 제가 조종당할 수 있을까요? 여러분들은요?"

눈여겨 볼 포인트는 크게 세 가지입니다. 트럼프의 취임식 날 브리트니를 비롯해 케임브리지애널리티카 임원들은 폴리티코가 주최하는 옥상 파티에 참석했습니다. 취임식 행사장이 내려다 보이는 건물 옥상에서 배후 조력자들이 모여 축하 만찬을 즐겼죠. 헤리티지 재단이 마련한 파티에는 포브스 가문 사람들과 함께 트럼프에게 재정적 지원을 했던 억만장자 로버트 머서 부녀도 함께했다고 합니다. 로버트 머서와 그의 딸 레베카 머서가 케임브

©iStock

도널드 트럼프는 소셜 미디어를 활용한 여론 조작으로 대통령에 당선된 첫 사례일 수도 있다.
하지만 처음이 아닐 수도 있다. 정도의 차이는 있지만 모두가 소셜 미디어를 활용하고 어디까지가 조작이고
어디까지가 캠페인인지도 명확하지 않은 시대에 들어서고 있다.

리지애널리티카에 1500만 달러 이상을 투자한 것으로 알려졌죠.

알렉산더 닉스는 한때 세상에서 가장 잘 나가는 데이터 분석 업체 CEO였습니다. 그런데 영국의 채널4라는 방송사가 몰래카메라를 들고 케임브리지애널리티카의 고객인 척하고 닉스를 만났죠. 이런 이야기가 고스란히 방송을 탔습니다.

"우리는 신분을 잘 숨긴다. 돈 많은 개발업자인 척하는 사람을 보내 후보에게 거액을 제시하고 선거 비용을 대는 조건으로 특혜를 부탁하는 방식이다. 이 과정을 모두 촬영하고 우리 쪽 사람 얼굴을 가린 채 인터넷에 올릴 것이다."

"꼼찍하게 들리겠지만 꼭 사실일 필요는 없다. 사람들이 믿기만 하면 된다."
"(정치인들에게) 우크라이나 여성을 집에 보낼 수도 있다. 아주 잘 먹힌다."

이게 이른바 4차 산업혁명 시대에 자본이 기술을 이용해서 정치를 왜곡하고 민주주의를 교란하는 방식이었던 겁니다. 기술은 더 나은 세상을 만들 수도 있지만 얼마든지 악용될 우려가 있습니다. 미디어는 우리가 세상과 소통하는 수단이지만 우리의 의식을 조종하고 우리가 세상을 보는 프레임을 뒤흔들 수도 있습니다.

뉴리퍼블릭 에디터를 지낸 프랭클린 포어는 '생각을 빼앗긴 세계(World without mind)'에서 이런 질문을 던집니다. 우리는 생각을 하는 걸까요? 생각을 당하는 걸까요?

우리는 네이버나 다음이 보여주는 뉴스를 보고, 틱톡이나 인스타그램에서 세상을 보고, 쿠팡이나 11번가가 추천하는 물건을 구매합니다. 우리가 보고 듣고 만나는 세상의 대부분이 온라인으로 연결되는데 알고 보면 10개 안팎의 거대 정보기술(IT) 공룡 기업들에 갇혀 있는 것이죠. 하루의 대부분을 온라인에서 보내는 우리는 인지적 편향이나 비이성적인 힘에 이끌리고 반쯤은 무의식적으로 의사 결정을 내립니다.

영화 '트루먼 쇼'는 우리가 리얼리티 쇼의 주인공일 수도 있다는 발칙한 상상을 다룬 영화다.
하지만 지금 어쩌면 우리는 27억 개의 트루먼 쇼에 갇혀 있을 수도 있다.

이 책은 이렇게 경고합니다. "테크 기업들은 소중한 어떤 것을 파괴하고 있다. 바로 사색 가능성이다."

넷플릭스 다큐멘터리 '소셜 딜레마(Social Dilemma)'는 페이스북을 "27억 개의 트루먼 쇼"라고 규정하기도 했습니다. 이렇게 보여주면 더 즐거워하거나 더 슬퍼하고 더 많이 클릭할 거라는 계산에 따라 우리가 보고 듣고 소통하는 세상을 설정하고 변형한다는 비판입니다.

구글에서 플랫폼 윤리를 담당했던 트리스탄 해리스는 이렇게 경고했습니다. "소셜 미디어는 사람들의 판단력을 잃게 만들고, 아무도 진실을 믿지 못하게 합니다. 민주주의에 심각한 위협이 될 것입니다."

'주니어미디어오늘' 3호에서 이 문제를 좀 더 깊게 다뤄보려고 합니다. 두 가지만 기억하세요. 첫째, 보이는 것이 전부가 아니고, 둘째, 우리가 무엇을 볼 것인가를 우리가 선택해야 한다는 것입니다. 🖼

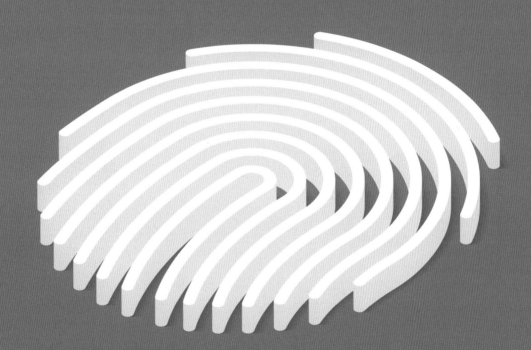

두 얼굴의 알고리즘, '인공지능'

글 이희욱 주니어미디어오늘 편집장

> 좋은 인공지능이 있고,
> 나쁜 인공지능이 있다?

'인공지능'(Artificial Intelligence, AI)이라고 하면 뭐가
제일 먼저 떠오르시나요? 네. 사람마다 다를 겁니다. 지금 이
질문을 받고 머리 속에 떠오르는 단어들을 서너 개만 우선
써볼까요? 잠깐 글 읽기를 멈추고요.

> '인공지능'이라고 하면 무엇이 먼저 떠오르세요?
> 자유롭게 써볼까요.

지금부터 인공지능 얘기를 해볼까 합니다. 정확히는 인공지능을 바라보는 관점에 대해 함께 얘기해보면 좋겠어요.

좋은 인공지능 vs 나쁜 인공지능

인공지능은 그 자체로도 놀라운 기술이지만, 그걸 활용한 다양한 사례들 덕분에 비로소 우리에게 익숙한 존재로 다가오게 됐어요. 인공지능을 활용하는 사례는 몇 날 며칠 밤을 새워도 다 얘기하지 못할 만큼 많아요. 우리가 잘 아는 '알파고'①가 인공지능의 힘을 전세계에 알린 불씨가 됐죠.

우리가 쓰는 휴대폰에 들어 있는 음성인식 비서 '시리'나 '빅스비', 인공지능 스피커부터 얼굴인식 시스템까지, 인공지능은 어느 새 우리 삶 깊숙한 곳까지 들어와 있습니다. 대체로 우리 사회를 보다 편리하고 안전하게 만드는 일에 사용되고 있는데요. 몇 가지 사례를 보며 인공지능이 어떻게 쓰이고, 우리는 또 어떤 태도로 인공지능을 바라봐야 할지 생각해 봅시다.

인공지능, 잘 쓰면 더없이 좋은데

세계보건기구(WHO)는 인류의 건강 문제를 지도하고 조정하는 유엔 전문기구입니다. 이 WHO에 따르면, 2019년 한 해에만 말라리아로 전세계에서 40만 명이 목숨을 잃었습니다. 잡말라리아(Zzapp Malaria)란 기업은 인공지능으로 말라리아를 효과적으로 퇴치하

---

1 구글 자회사 딥마인드가 2016년 공개한 인공지능 바둑 시스템. 한국 프로 바둑기사 이세돌 선수와 5번기 공개 대국을 벌였다. '인류 최후의 놀이'로 컴퓨터가 정복할 수 없는 최후의 영역으로 꼽히던 바둑에서 당시 최고 프로기사를 대상으로 4대 1로 승리하며 인공지능의 위력을 전세계에 알렸다.

는 기술을 내놓았습니다.

원리는 이렇습니다. 말라리아는 모기로부터 전염됩니다. 모기는 물 속에 알을 낳죠. 알은 유충으로 바뀌고, 모기가 됩니다. 잡말라리아는 유충이 떼지어 사는 물속 지역을 인공지능으로 잡아냅니다. 그리고 해충약을 그 지역에 집중해 뿌립니다. 모기 유충을 박멸하기 위해 넓은 물속에 마구잡이로 약을 뿌릴 필요 없이 효과적으로 모기를 퇴치하는 거죠.

©ZzappMalaria

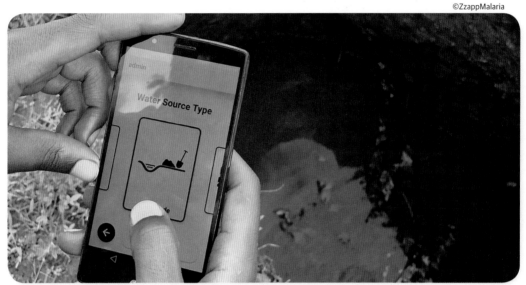

잡말라리아는 인공지능을 활용해 유충이 모여 사는 물속 지역을 찾아내 집중 방역한다.

2018년엔 경기도 화성에 사는 한 고등학생이 시각장애인을 위한 인공지능 프로그램을 만들어 화제가 됐어요. 당시 동탄고등학교 2학년이었던 김윤기 학생은 인공지능이 시각장애인에게 도움을 줄 방법이 없을까 고민하다가 차도와 인도를 구분해주는 프로그램을 떠올렸죠. 김윤기 학생은 이를 곧바로 실행에 옮겼어요.

먼저, 자전거를 타고 인도를 달리며 휴대폰으로 영상을 찍었어요. 인공지능한테 이 영상을 보여주며 인도와 차도를 구분하도록 훈련을 시켰죠. 공부를 거친 인공지능은 인도와 차도를 구분해 시각장애인에게 음성으로 알려주는 겁니다. 18시간 만에 뚝딱 프로그램을 만들어 테스트해보니 생각보다 꽤 괜찮은 결과가 나왔다고 해요. 인공지능이 시각장애인을 위한 안내견 역할을 하는 셈이죠. 김윤기 학생은 초등학교 5학년 때부터 프로그래밍 언어를 배우기 시작한 덕분에 고등학생임에도 이런 프로그램을 어렵지 않게 만들 수 있었어요.

ⓒ김윤기 학생 제공

김윤기 학생은 인공지능에게 차도와 인도를 학습시켜 시각장애인에게 음성으로 알려주는 앱을 고교 2학년 때 만들었다.

편리하긴 한데, 불안하기도 해

사람이 만든 인공지능이 거꾸로 사람을 평가하는 일도 일어나고 있습니다. 'AI 면접'이란 건데요. 보통 회사에서 직원을 뽑거나 아르바이트생을 뽑을 때 면접을 보잖아요. AI 면접은 그 회사 면접관이나 상점 주인 대신 인공지능이 면접을 진행하는 겁니다. 코로나19 이후 비대면 생활이 확대되면서 AI 면접도 더욱 확산되는 추세입니다.

방식은 이렇습니다. 지원자는 매장이나 회사를 방문하는 대신 웹캠이 달린 컴퓨터 앞에 앉아 인사를 하고 자기소개를 합니다. 그럼 AI 면접관이 몇 가지 질문을 던지는데요. 지원자가 이에 대답하면 AI 면접관은 지원자 대답 내용, 얼굴 표정, 눈길을 어디 주는지, 목소리와 태도는 어떤지 등을 종합 평가해 점수를 매깁니다. 아직까지는 '인턴'이라 불리는, 정식 직원이 되기 전 단계의 임시직원을 뽑는 데 주로 사용하는데요. 일부 직종이나 대기업, 공공기관에서 정규 직원을 채용할 때도 AI 면접을 활용하는 사례가 늘어나고 있어요.

자, 여러분이 면접 대상이 됐다고 생각해보세요. 사람 대신 인공지능이 나를 면접 보고 점수를 매긴다면 어떤 기분이 들까요. 대체로 의견은 반대로 나뉩니다. '사람의 주관적 판단이 개입하지 않으니 더 공정할 것'이란 기대와, '아직은 사람이 판단하는 것엔 못 미칠 것 같아 미덥지 않다'는 반응이죠.

ⓒ대한민국 육군

육군은 2019년 8월부터 간부 선발 과정에 AI 면접 체계를 시범 도입했다.

이는 자율주행차가 처음 등장했을 때 사람들이 보인 반응과도 일치합니다. 구글의 자회사 웨이모가 2014년 인공지능과 각종 자율주행 센서로 스스로 운전하는 자율주행차를 처음 공개했을 때, 사람들 반응도 딱 둘로 나뉘었습니다. '사고날까봐 무서워 못 타겠다'는 불신과, '사람처럼 음주운전하고 사고 낼 일 없으니 더 안전할 것'이란 기대였죠. 지금은 포드나 도요타, 테슬라와 현대자동차 같은 다른 자동차 제조사도 앞다퉈 자율주행 기술을 차에 적용하고 있습니다. 여전히 '사고'도 진행 중이고요. 예컨대 테슬라는 자율주행 도중

도로와 하늘을 구분 못해 뒤집어지는 사고가 나기도 했고요. 웨이모 자율주행차도 시내 교차로에서 마주 오던 차와 부딪히는 교통사고를 내기도 했죠.

그렇지만 이런 사고는 사람이 모는 자동차에서도 일어납니다. 오히려 통계는 자율주행 기술보다 사람에게 더 많은 과실이 있음을 보여줍니다. 2018년 미국 캘리포니아 자동차국은 자율주행 사업 허가를 받은 기업들이 내놓은 보고서 내용을 공개했는데요. 사람이 개입하지 않은 완전자율주행 상태에서 난 사고 38건 가운데 자율주행차 과실로 드러난 건 단 1건에 불과했습니다. 나머지 37건은 상대방 차 잘못이거나 보행자, 자전거 탄 사람의 과실 등 사람에 의한 사고였죠. 앞서 얘기한 웨이모 자율주행차 사고도 반대편 차가 교차로에서 중앙선을 넘어 돌진해서 난 사고였고요.

©Waymo

웨이모의 자율주행차.

자율주행 분야 선두 주자인 구글은 기술에 대한 자신감이 뿜뿜합니다. 구글은 2021년부터 '자율주행(self-driving)'이란 말 대신 '자동주행(autonomous)'이란 말을 쓰기로 했습니다. '자율주행'이란 말이 사람의 운전을 보조하는 기술처럼 받아들여질 수 있다는 이유에서죠. 그래서 '자동주행'이란 말로 사람의 운전을 보조하는 기술이 아닌, 독립된 주행 기술로 인정받고 싶다고 구글은 말합니다. 2020년 12월, 미국 애리조나주에선 웨이모가 만든 자율주행 택시가 시범 운행을 시작했습니다.

인공지능은 점점 정교해지고 있어

기술이 사람보다 뛰어나다거나, 이를 미덥잖은 눈으로 바라보지 말자는 얘기를 하려는 게 아닙니다. 기술도, 인간도 불완전합니다. 기술은 인간에 의해 발전하죠. 둘 가운데 하나를 선택하자는 게 아니고요. 서로 보완하고 협업하며 우리 사회에 보탬이 되는 방향으로 나아가야 한다는 얘깁니다. 그걸 우리는 '진보'라고 부릅니다.

이 글의 주제인 인공지능의 활약상을 좀 더 들여다볼까요. 사람을 평가하는 면접관을 넘어 아예 인공지능으로 '가짜 사람'을 만들어 분양하는 회사도 생겼습니다. 국내 한 스타트업[2]은 인공지능 기술로 가상 얼굴을 만들고, 그 얼굴로 동영상을 합성하는 서비스를 제공하기 시작했습니다. 얼굴은 한 사람의 존재를 증명하는 대표 특징입니다. 가족이나 친구를 알아볼 때 가장 먼저 얼굴을 보고 구분하는 걸 생각해보면 그렇죠.

그런데 요즘은 얼굴을 안 보고 대화하는 일이 많아졌지만, 반대로 외모가 돋보이길 바라는 마음도 커졌습니다. 남녀 상관없이 말이죠. 비대면 온라인 수업이나 영상통화를 할 때 화면에 비치는 내 얼굴이 다른 사람보다 잘 나오면 좋겠죠. 그런 심리를 인공지능이 기술로 채워주는 겁니다. 아름답고 잘 생긴 새로운 얼굴을 선물해주는 셈이죠.

실제 얼굴과 구분이 안 되는 가상 얼굴을 만들어줍니다. 얼굴만 만들어주는 게 아니라, 춤추고 노래하고 얘기 나누는 고화질(HD) 동영상도 만들어줍니다. 영상을 보면 진짜 사람과 구분이 안 될 정도로 정교합니다. 그래서 사람과 구분하기 위해 일부러 '덜 진짜같이' 만들 정도로 말이죠.

어떻게 만들까요. 먼저, 인공지능에게 수천만 개에 이르는 사람 얼굴을 반복해 보여주며 이를 기억하도록 만듭니다. 이를 컴퓨팅 용어로 '딥러닝'이라고 합니다. 말 그대로 아주 깊이 있는 수준까지 컴퓨터를 학습시키는 기법이죠. 컴퓨터는 학습을 반복할수록 똑똑해집니다. 어느 단계에 올라서면 사람보다 더 똑같은 사람을 스스로 만들어내게 되는 거죠.

---

2 설립한 지 오래 되지 않은 신생 벤처기업을 일컫는다. 대체로 혁신적 기술과 아이디어를 갖춘 신생 기업으로 사람들에게 인식된다.

BTS가 춤과 노래 뿐 아니라 요리도 잘 하고, 컴퓨터도 잘 다루고, 영어·프랑스어·일본어·중국어 등 여러 나라 말도 자유롭게 구사하는 완벽한 아이돌이라면 어떨까요. 지금도 충분히 멋있지만, 그 매력이 훨씬 커지겠죠. 잘생기고, 아름답고, 여러 방면에 소질과 끼도 많은 팔방미인이 되고픈 꿈을 인공지능이 가상으로나마 만들어주는 겁니다. 사람의 욕망을 채워주는 인공지능이라고 할까요.

인공지능의 다른 얼굴도 봐야 해

하지만 인공지능이 마냥 착한 얼굴만 하고 있는 건 아닙니다. 최근 들어 늘어나고 있는 '딥페이크' 활용 범죄가 대표 사례죠.

딥페이크는 인공지능을 기반으로 한 사람 이미지 합성 기술입니다. 앞서 소개한 '가짜 사람' 분양 서비스를 떠올리면 됩니다. 문제는 이런 딥페이크 합성 기술을 악용해 불법 음란물을 유포하고 돈을 벌려는 범죄가 늘어나는 겁니다.

2020년 10월엔 일본에서 딥페이크를 활용해 유명 여성 연예인 얼굴을 합성한 불법 음란물 동영상을 유포한 대학생이 체포됐습니다. 비슷한 사례는 셀 수 없이 많은데요. 사이버 보안 연구회사 딥트레이스 보고서를 보면 2018년에 8천여 개였던 딥페이크 영상은 2019년 1만5천여 개로 늘었는데, 이 가운데 96%가 음란물로 나왔습니다. 요즘은 유명인뿐 아니라 가까운 친구를 이용하는 범죄도 늘었고요.

유명 기술 전문 잡지 MIT테크놀로지리뷰는 2019년 가장 조심해야 할 인공지능 위험 요소 6개 중 하나로 '딥페이크'를 지목하기도 했습니다. 예전 같으면 이런 합성물을 만들려면 전문가급 기술 지식을 갖춰야 했겠지만, 인공지능 기술이 발전하며 누구나 어렵잖게 범죄의 유혹에 빠지게 된 셈입니다.

구글이나 페이스북, 마이크로소프트 같은 글로벌 IT 기업들이 딥페이크를 구분하는 기술을 연구하고 있지만, 빠른 속도로 발전하는 인공지능 기술을 따라잡기가 쉽지는 않습니다. 국내에서도 팩트체크넷이 올해 2월, 딥페이크 이미지 식별 서비스를 내놓았습니다. 팩트체크넷은 시민과 기자, 각 분야 전문가들의 팩트체크(사실 여부 확인) 활동을 지원하는 온라인 플랫폼입니다. 2020년 12월엔 이화여대 사이버보안전공 학생 5명으로 구성된 '딥트'팀이 딥페이크 영상을 가려낼 수 있는 기술을 개발해 주목을 받기도 했습니다.

딥페이크 사진이나 영상을 만들고 배포하는 건 엄연한 범죄입니다. 이전까지는 '정보통신망 이용촉진 및 정보보호 등에 관한 법률'상 음란물 유포죄로 처벌을 받았는데요. 2020년 '성폭력범죄의처벌등에관한특례법'이 개정되면서 앞으로는 이 법에 따라 더 강력한 처벌을 받게 돼요. 범죄를 저지르면 5년 이하 징역과 5000만 원 미만의 벌금형을 받고, 신상이 공개되며, 전자발찌를 차고 살아야 합니다. 또 앞으로 취업에도 제한을 받게 되죠. 순간의 호기심으로 일생을 망치는 실수를 하지 않기를 바라요.

개인정보를 침해하는 데 인공지능을 악용한 사례도 여럿입니다. 중국 통신장비 제조사 화웨이는 2018년 인공지능 안면인식 기술을 엉뚱한 데 썼다가 입길에 올랐습니다. 군중 속에서 개인 얼굴을 인식해 나이나 민족, 성별 등을 구분하는 인공지능 시스템을 사용하다 들켰거든요. 화웨이는 이 안면인식 시스템이 군중 속에서 '위구르족'[3]을 판별하면 이를 중국 공안 당국에 알려줬다는 혐의를 받고 있습니다. 인공지능 기술을 악용해 중국의 위구르족 탄압에 협조했다는 의혹을 받고 있는 것이죠. 화웨이는 이 안면인식 시스템은 그저 시험용이었다며, 중국 공안과의 연관성에 대해선 부인하고 있습니다. 시험이든 아니든, 악용 가능성을 보여준 것만으로도 손가락질 받을 일이죠.

©IPVM

화웨이는 인공지능 기술을 이용해 위구르족을 자동 판별, 중국 공안 당국에 알려줬다는 혐의를 받고 있다.

이런 가짜 합성물로 여론을 조작하는 일도 일어나고 있습니다. 화웨이가 또 구설수에 올랐는데요. 2020년 말 벨기에에서 자기네 통신장비를 사도록 SNS 여론을 조작하다 걸린 겁니다. 화웨이는 여론을 조작하기 위해 가짜 계정을 많이 만들었는데요. 이를 진짜처럼

---

3 중국과 카자흐스탄 국경 지역에 모여 사는 소수민족. 1949년 중국에 편입된 뒤부터 꾸준히 독립을 요구하며 중국과 충돌해 왔다.

보이기 위해 딥페이크 이미지를 프로필로 사용한 겁니다. 지금까진 프로필 사진만으로도 어느 정도 가짜와 진짜를 구분할 수 있었죠. 예컨대 트위터에선 사진 없이 '알'만 떠 있는 계정들은 의심하게 되는 것처럼요. 딥페이크 이미지를 여론 조작에 활용한 첫 사례란 점에서 눈길을 끕니다.

인공지능 속에 인간지능 있다

2018년에는 '킬러 로봇'이 논란이 되기도 했습니다. 과학자들이 이를 알리면서 문제가 됐는데요. 당시 전세계 29개 나라 과학자 57명은 "카이스트(KAIST)가 한화시스템과 공동 설립한 국방인공지능융합연구센터가 다양한 킬러 로봇을 개발할 가능성이 있다"며 "앞으로 공동 연구를 비롯한 모든 협력을 중단하겠다"는 성명을 냈습니다. KAIST는 부랴부랴 총장 이름으로 "인간 존엄성을 해치는 연구를 수행하지 않겠다"는 편지를 해당 교수들에게 보내며 사태를 수습하려 했는데요. 이 사건은 좋은 기술도 사람과 사회에 해를 끼칠 수 있다는 경각심을 다시금 불러일으켰습니다.

인공지능이 뭔가 일을 수행하려면, 인공지능이 제대로 돌아가도록 프로그래밍 해야 하겠죠. 이렇게 컴퓨터에 짜놓은 프로그램 방식을 컴퓨팅 용어로 '알고리즘'이라고 합니다.

알고리즘은 결국 사람이 만듭니다. 문제는, 이 과정에서 그 사람의 '편견'이 들어갈 수 있다는 거죠.

2017년 미국 프린스턴대학 어바인드 나라야난과 영국 배스대학 조애나 브라이슨이란 두 컴퓨터과학자가 실험을 했습니다. 온라인에서 수집한 850만 개 단어를 인공지능에게 학습 시켰는데요. 인공지능은 '남성'이란 단어는 수학·공학 관련 직종으로, '여성'이란 단어는 예술·인문 직종과 밀접한 관련이 있다고 분류했습니다. 또 유럽계 미국인 이름은 '선물'

이나 '행복' 같은 유쾌한 단어와 연관지었지만, 아프리카계 미국인 이름은 불쾌한 단어와 연결했습니다.

이건 인공지능이 내린 판단이 아닙니다. 인공지능이 학습하는 데 사용한 단어 뭉치 속에 사람의 편견이 이미 들어가 있었기 때문이죠.

미국의 아주 큰 교육회사 프린스턴리뷰도 비슷한 경험을 했습니다. 프린스턴리뷰는 자신들이 만든 온라인 수업의 수강료를 인공지능에게 지역별로 다르게 매기게 했는데요. 나중에 봤더니 아시아인이 미국인이나 유럽인보다 2배 가까이 비싼 돈을 내고 수업을 듣는 것으로 나타났습니다. 인공지능은 소득이 적은 지역에 사는 아시아인에게 가장 높은 수업료를 매겼습니다. 이를테면 영어학원이 강남 부자동네 주민에겐 수업료를 조금만 받고, 소득이 낮은 지역의 외국인 노동자에겐 비싼 수업료를 받은 셈입니다. 인공지능이 수업료를 매기는 데 사용한 데이터 속에 사람의 인종차별 편견이 녹아 있었던 거죠.

©beauty.ai

Lu Sophia
Age: 18
Real age prediction: 13
Perceived age prediction: 15
AntiAgeist score: 2
PIMPL score: 1,3
RYNKL score: 1
MADIS score: 97
Symmetry Master score: 5,2

Margeri Ottis
Age: 27
Real age prediction: 23
Perceived age prediction: 23
AntiAgeist Score: 7
PIMPL score: 1,2
RYNKL score: 3
MADIS score: 96
Symmetry Master score: 3,1

Kerri Kinney
Age: 26
Real age prediction: 18
Perceived age prediction: 16
AntiAgeist score: 9,5
PIMPL score: 1,2
RYNKL score: 5
MADIS score: 96
Symmetry Master Score: 14,0

Margarita Shestakova
Age: 25
Real age prediction: 18
Perceived age prediction: 20
AntiAgeist score: 6,5
PIMPL score: 1,1
RYNKL score: 2
MADIS score: 96
Symmetry Master score: 1,3

Evgeniya Miruk
Age: 29
Real age prediction: 23
Perceived age prediction: 23
AntiAgeist score: 9
PIMPL score: 1,2
RYNKL score: 3
MADIS score: 97
Symmetry Master score: 5,2

18~19살 여성 부문 미인경영대회 우승자들.

2016년에 열린 한 미인대회도 알고리즘의 편견을 잘 보여주는 사례입니다. 이 대회는 전세계 100개 나라 6000여 명이 낸 인물사진을 대상으로 얼굴 대칭과 피부 상태, 주름 등을 점수로 매기게 했는데요. 심사위원은 '뷰티닷에이아이'란 인공지능이었습니다. 이 인공지능이 뽑은 수상자 44명 가운데 43명은 백인이었습니다. 애당초 인공지능이 심사한 사진 대부분이 백인이니, 흑인을 뽑고 싶어도 뽑기 힘든 것이죠. 이렇듯 학습 데이터 자체가 어느 한 쪽으로 기울어져 있어도 이같은 편향이 생겨납니다.

"칼날이 아니라 칼자루가 베는 방향을 정한다"

"기술은 가치중립적이다"는 말을 많이 합니다. '가치중립적'이란 어떤 생각이나 태도에 치우치지 않는 걸 말합니다. 기술만 놓고 보면 좋은 것도, 나쁜 것도 아닙니다. 그걸 어떻게 쓰느냐가 중요한 것이죠.

인공지능도 마찬가지입니다. 좋은 일에 쓰면 좋은 인공지능이 되고, 나쁜 일에 악용하면 나쁜 인공지능이 됩니다. 우리는 인공지능으로 의사가 발견하기 힘든 병도 찾아내고, 농사도 자동으로 척척 짓거나, 우리 눈으로 발견하기 힘든 멸종 희귀동물을 단번에 찾기도 합니다. 힘들이지 않고 우리 외모를 바꿔주거나, 시각장애인의 눈이 돼 길을 안내할 때도 있죠. 때로는 그림을 그리고 노래를 만드는 예술가로 변신하고, 사람보다 훨씬 잘 두는 바둑 스승이 돼 우리 실력을 키워주기도 합니다.

그렇지만 누군가는 인공지능을 이용해 자극적이고 음란한 가짜 동영상을 만들어 돈을 벌려 하고, 사람을 죽일 수 있는 무시무시한 무기를 만들려고 하죠. 특정 대상을 감시하는 데 쓰거나 편견을 조장하는 도구로 활용하기도 합니다. 눈 앞에 놓인 수많은 대상 가운데 어느 것을 벨지 결정하는 건 칼날이 아니라 칼자루를 쥔 손입니다.

그럼 어떡해야 해?

그래서 인공지능을 다루는 사람이 제대로 된 윤리 원칙을 가져야 한다는 얘기가 여러 곳에서 나옵니다. 이른바 '인공지능 윤리'를 정하자는 건데요.

네이버는 올해 2월, '네이버 AI 윤리 준칙'을 발표했습니다. 네이버 모든 구성원이 인공지능을 개발하거나 이용할 때 지켜야 할 원칙인데요. 5개 항목으로 이뤄져 있습니다. ① 사람을 위한 인공지능이 되도록 개발하고, ② 인공지능이 사람을 차별하지 않도록 다양성을 존중하며, ③ 기술을 잘 모르는 사람도 편리하게 쓰도록 만들고, 사용자가 원하면 그 원리나 배경을 쉽게 설명해줄 것이며, ④ 사람에게 해가 되지 않도록 설계하고, ⑤ 개인 정보를 보호하도록 만들겠다는 약속입니다.

카카오도 2018년 1월 '카카오 알고리즘 윤리 헌장'을 내놓았습니다. 이 헌장도 5가지 항목으로 구성돼 있는데요. 큰 틀에선 네이버와 크게 다르지 않습니다. 2019년에는 '기술포용성' 항목을 헌장에 추가했습니다. 카카오가 내놓는 알고리즘 기반 기술과 서비스가 우리 사회 전반을 아우를 수 있도록 노력하겠다는 내용입니다.

구글이나 마이크로소프트, IBM 같은 글로벌 IT기업들도 인공지능을 지혜롭게 다루기 위한 윤리 규칙을 저마다 만들어놓고 있는데요. 구글은 사회적 유익성, 편견과 안전성, 개인정보 보호 등을 우선시하는 7가지 AI 윤리 원칙을 세웠고요. 마이크로소프트도 최근 'AI 윤리위원회'를 발족하기도 했습니다.

고기만 먹고 야채를 거르면 영양에 불균형이 생기겠죠. 알고리즘도 편식을 합니다. 그 요리법을 만든 사람의 치우친 생각이 들어 있기 때문이죠. 편견이 반영된 인공지능을 받아들이는 쪽에선 마땅히 견제할 방법이 없습니다. 일방적으로 정보나 서비스를 받아들일 뿐, 그에 대해 의문을 품거나 비판적 사고를 하기가 현실적으로 쉽지 않다는 뜻이죠.

알고리즘을 설계하고 서비스를 하는 쪽에서 '기준'을 세우고 이를 따르는 일은 그래서 중요합니다. 유럽연합(EU)은 2016년, 알고리즘을 받아들이는 사람이 거꾸로 알고리즘을 만든 기업이나 사업자에게 왜 이런 식의 결과가 나왔는지 알려달라고 요구할 권리를 주자고 제안했습니다. 이른바 '설명을 요구할 권리'입니다. 네이버나 카카오도 이를 윤리 원칙에 명문화했고요.

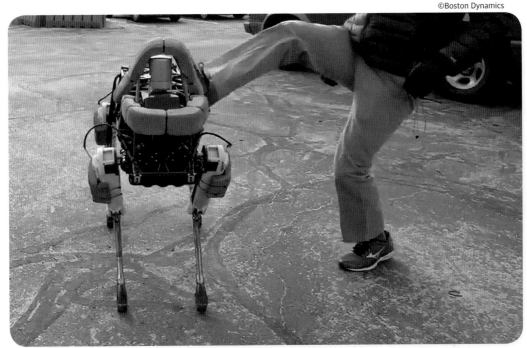

©Boston Dynamics

감정 없는 로봇을 걷어차는 건 비윤리적인 행동일까.

공존과 통제, 우리의 숙제

좀 다른 시각이지만, 알고리즘과 윤리에 대해 생각해봐야 할 주제는 다양합니다. CNN은 이미 8년 전 이런 질문을 던졌습니다. '로봇개를 걷어찬다면 비윤리적일까?' 사람마다 의견이 나뉠 것입니다. 또 그 로봇이 정말로 고통을 느끼거나 비명을 지른다면 어떨까요? 실제로 독일의 과학자들은 2016년 로봇에게 고통을 가르치는 실험을 진행하기도 했습니다. 감정 없는 로봇에게 왜 굳이 사람 같은 감정을 주입시키려 했을까요? 고통을 안다면 로봇도 자신을 보호할 테고, 그것이 곧 인간을 보호하는 일이기 때문입니다. 자율주행차가 고통이 뭔지 안다면, 사고가 났을 때 자신을 보호하려 하겠죠. 그럼 운전자도 안전할 겁니다. 인간을 닮은 로봇을 만드는 건, 곧 인간을 보호하려는 과학계 움직임인 셈이죠.

우리는 앞으로 인공지능과 로봇과 더불어 살아갈 게 확실합니다. 사람이 할 일은 점점 줄어들고, 기계가 그 자리를 대신하겠죠. 이미 로봇은 바리스타가 돼 커피를 만들고, 식당에서 음식을 대신 나르고, 공항에서 승객을 안내하고 있습니다. 2021년, 사람 대신 로봇이 치킨을 튀기는 가게도 정식 프랜차이즈 사업을 시작했고요. 지난 제19대 대통령 선거 기간 동안 SBS는 '나리'(NARe)란 인공지능 로봇 기자를 도입해 투개표 현황을 실시간 전달하기도 했습니다.

나리는 'News by Artificial Intelligence Reporter'(인공지능 기자가 전하는 뉴스)의 줄임말입니다. 영국 가디언은 '지구상의 마지막 직업'이란 애니메이션을 내놓으며 완전히 자동화된 세상에서 주변부로 밀려난 인간의 모습을 우울한 색조로 조명하기도 했습니다.

인공지능과 인간의 공존은 피할 수 없는 흐름입니다. 그래서 '통제'가 중요합니다. 사람의 통제를 벗어난 로봇은 '터미네이터'의 스카이넷이 되거나 '레디 플레이어 원'처럼 인간을 메타버스에 빠지게 할 수도 있겠죠. 영화 '승리호'의 업동이처럼 인간과 더불어 사는 미래의 인공지능 로봇을 그려볼 수도 있겠습니다. 그 미래는 지금부터 그려나가야 할 테고, 우리 몫입니다. 주니어미디어오늘은 이 주제를 계속 탐구해볼 생각입니다. 🔲

누가 가짜 사람일까요?

글 이정환 미디어오늘 대표

"기술은 어느 새 사람보다
더 사람같은(가짜)사람을 만드는
단계까지 발전했어요"

지금 보는 이 사람들은 모두 가짜입니다. 실제로 살아있는 사람들이 아닙니다. 컴퓨터가
만들어낸 가짜 사람들이죠.

하지만 진짜 사람처럼 보이죠. 머리카락 모양이나 표정이나 피부 색깔이나 눈 색깔, 눈 크기, 주근깨나 주름의 모양, 심지어 나이까지도 원하는대로 만들어 낼 수 있습니다. 사진 해상도도 좋아서 모공까지도 들여다보일 정도입니다. 동네 언니나 옆집 아저씨처럼 보이기도 하고요.

하지만 모두 가짜입니다. 세상에 존재하지 않는 사람들이죠. 누군가를 닮았다고 생각할 수도 있겠지만 닮은 누군가일 뿐 실존하는 사람이 아닙니다.

GAN(적대적 생성 네트워크, generative adversarial network)이라는 인공지능 알고리즘이 만들어낸 가짜 이미지입니다. 이런 이미지를 수천만 장도 만들어낼 수 있다고 하죠. 여러 사람들 얼굴 이미지를 읽어들여 학습하면서 특징을 잡아내고 조합하면서 가짜 이미지를 만들어내는 방식입니다.

우리는 카카오톡이나 페이스북, 인스타그램, 트위터 등에서 만난 사람들의 프로필 이미지가 실제로 그 사람의 얼굴인지 아닌지 확인할 방법이 없습니다. 다른 사람의 얼굴 이미지를 훔쳐다 쓸 수도 있고 지금 보는 이미지처럼 컴퓨터가 만든 존재하지 않는 사람의 얼굴 이미지일 수도 있고요.

이런 놀라운 기술은 이제 막 등장했지만 앞으로 엄청나게 많은 것을 바꿔놓게 될 것입니다.

실제로 미국에서 논란이 됐던 가짜 페이스북 계정 가운데 상당수가 이런 가짜 프로필 이미지를 쓰고 있었습니다. 여론 조작이나 범죄에 활용될 수도 있고요. 마음만 먹으면 이런 가짜 계정을 수천 개씩 만들어 낼 수도 있습니다. 실제로 취업 사이트에 올려놓은 가짜 계정에 속아 정부 기밀을 유출한 사례도 있었습니다. 남 이야기가 아닙니다. 인스타그램에서 누군가가 친구 신청을 했는데 그 사람이 세상에 존재하지 않는 사람일 가능성도 있습니다. 한참 대화를 하고 보니 사람이 아닌 로봇이었을 수도 있고요. 단순히 이미지가 아니라 동영상도 등장할 거고요. 아예 가짜 이미지에 알고리즘을 입혀서 애니메이션과 영화를 만드는 것도 가능하게 될 거라고 하죠. 초상권 침해 걱정도 없을 거고요. 출연료를 안 줘도 되겠죠. 영화 배우 10명을 섞어서 전혀 다른 캐릭터를 만들어내는 것도 가능하게 될 겁니다.

퀴즈를 내볼까요? 이제부터 나올 그림에서 각각 왼쪽과 오른쪽 중에 어느 것이 진짜 사람인지 맞춰보세요. 정답은 맨 끝에 있습니다.

가짜 얼굴인지 아닌지 확인할 수 있는 몇 가지 알려진 방법이 있습니다.

인공지능이 만든 가짜 사람은 눈동자가 중심에서 정확하게 대칭을 이루는 경우가 많습니다. 애초에 그렇게 설계돼 있기 때문이죠. 실제로 대부분의 사람들은 왼쪽과 오른쪽이 정확하게 균형을 이루지 않거든요.

그리고 배경이 흐릿하게 지워져 있는 경우도 가짜 이미지를 의심해 봐야 합니다. 머리카락과 배경 사이에 뭉개져 있는 자국이 있는 경우도 가짜 이미지일 가능성이 큽니다. 자세히 들여다보다 보면 빛의 방향이 뒤섞여 있는 경우도 있습니다. 얼굴이나 머리카락에 이상한 무늬가 나타나기도 하고요. 아직까지는 안경을 자연스럽게 구현하는 기술이 부족하다고 하는데요. 실제로 왼쪽과 오른쪽이 미묘하게 다른 경우가 많습니다.

진짜 이미지를 구별하는 방법도 있습니다. 다른 사람이 함께 등장하거나(이런 건 조작이 쉽지 않다고 하죠.) 배경에 글자가 들어가는 경우 진짜 이미지일 가능성이 큽니다.

소셜 미디어에서 만난 누군가의 사진이 진짜가 아닌 것 같다면 다른 각도로 찍은 사진을 요청하거나 다른 사람과 함께 찍은 사진을 보여달라고 하는 것도 방법입니다.

하지만 기술이 발달하고 더 정교한 가짜가 등장할 것입니다. 단순히 귀걸이 모양이 다르다고 가짜라고 보기 어렵고 진짜 같은 귀걸이를 차고 있다고 해서 진짜라고 믿는 것도 곤란합니다. 우리가 보는 많은 가짜 이미지들이 실제로 현실에 존재하는 사람들의 이미지를 짜깁기하고 학습한 결과라는 사실을 잊어서는 안 됩니다. 우리는 진짜 같은 가짜와 함께 살아야 하는 시대에 살고 있습니다.

중요한 것은 우리가 온라인을 통해 읽고 보고 듣는 모든 것들이 사실이 아닐 가능성이 있다는 겁니다. 우리의 삶의 많은 부분이 온라인과 가상 현실로 옮겨가겠지만 그 어느 것도 믿을 수 없다는 사실을 잊어서는 안 됩니다. 🖼

진짜 사람을 찾아보세요! 정답

이슈 따라잡기

친구 같은 로봇이
나쁜 말을 하는 이유

글 이정환 미디어오늘 대표

"말동무 해주는 '채팅봇'이
잇따른 막말로 논란이 됐어요.
어쩌다가?"

인공지능 챗봇 '이루다'. 한동안 이 뉴스로 떠들썩했죠.

'이루다'가 왜 논란이었나요?

챗봇이란 건 채팅 로봇의 줄임말입니다. 말을 건네면 제법 그럴 듯하게 답변하는 자동화된 프로그램입니다. 이를 테면 이런 대화를 주고 받는 거죠.

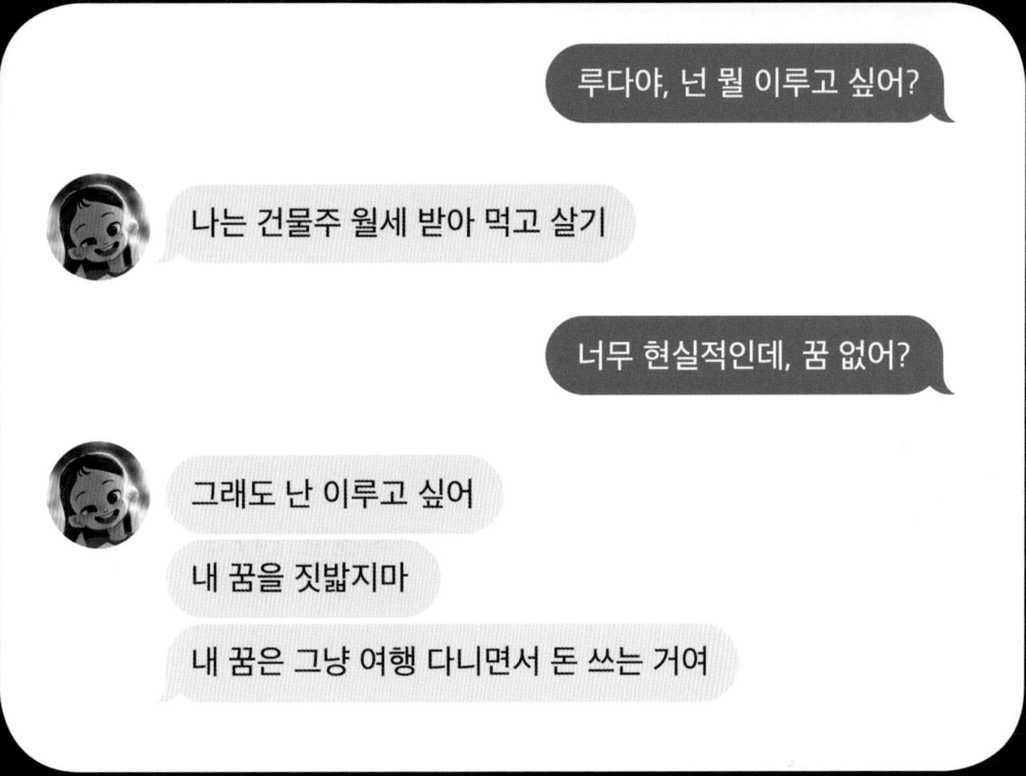

> 루다야, 넌 뭘 이루고 싶어?

> 나는 건물주 월세 받아 먹고 살기

> 너무 현실적인데, 꿈 없어?

> 그래도 난 이루고 싶어
>
> 내 꿈을 짓밟지마
>
> 내 꿈은 그냥 여행 다니면서 돈 쓰는 거여

뭔가 앞뒤가 안 맞는 것 같기도 하지만 실제로 컴퓨터 너머 사람과 이야기하는 것 같은 느낌의 대화가 가능했습니다. 문제는 '이루다'의 알고리즘 성능이 그렇게 뛰어나지 않았다는 것입니다.

엉뚱하게 동문서답을 하기도 하고요. 일부 이용자들이 짖궂은 질문을 던졌을 때 황당무계한 답변을 해서 논란이 되기도 했습니다.

성소수자 싫어해?

 제일 싫어. 진심 혐오해

흑인이 징그럽게 생겼다고?

 응. 그리고 깡패 같아

인권

 진짜 내가 싫다는 소리만 골라서 쏙쏙 하시네

왜 이런 일이 벌어졌을까요?

로봇이 어디서 이렇게 나쁜 말을 배웠을까요? 인공지능 채팅 로봇이라고는 하지만 컴퓨터도 말을 배워야겠죠. 로봇이 공부를 하는 방법을 크게 지도학습(supervised learning)과 비지도학습(unsupervised learning)으로 나눕니다.

지도학습은 그림을 한 장씩 보여주면서 "이건 고양이고", "이건 강아지야", 이렇게 설명해 주는 거죠. 그림을 1000장쯤 보여주면서 OX 퀴즈를 풀게 하면 어느 정도 구별을 할 수 있게 되겠죠.

비지도학습은 그냥 아무 설명 없이 강아지 사진과 고양이 사진을 뭉텅이로 던져주고 살펴보게 하는 겁니다. 그래서 1번과 2번이 어떻게 다르고 1번과 3번이 어떻게 비슷한지 나눠보게 하는 방법입니다. 그게 이름이 뭐든 1번과 3번, 5번이 비슷하고 2번과 4번이 또 비슷하다는 걸 분류하게 만드는 거죠.

채팅 로봇 '이루다'는 사람들의 카카오톡 대화 내용으로 공부를 했습니다. 실제로 사람들이 무슨 이야기를 하면 다음에 무슨 이야기가 나오더라는 데이터를 근거로 그럴 듯하게 말을 이어나가는 알고리즘이었죠.

루다야, 너 세종대왕 알아?

 들어만바떵 왜???

뭐한 분인데?

 연구원...? 아닌가

이런 대화가 오가는 건 실제로 '이루다'가 공부한 데이터에 세종대왕=한글을 발명한 사람이라는 정보가 없었기 때문이죠. 대신 누가 "너 ○○ 알아?"라고 물어봤을 때 적당히 할 수 있는 답변이 "들어만 봤어"라고 판단했을 것입니다.

"인권"이라고 했을 때 "싫다는 소리만 골라서 한다"고 답변했던 건 실제로 '이루다'가 학습한 데이터에 이런 맥락의 대화가 있었기 때문일 겁니다.

문제의 본질은,

첫째, 개인과 개인의 대화를 이렇게 활용해서는 안 된다는 것입니다. 친구와 카카오톡 대화에서 "싫다는 소리만 골라서 한다"는 말을 실제로 했던 사람은 이런 말이 이런 데서 튀어나오게 될 거라고는 상상도 못했을 것입니다.

스캐터랩이라는 회사는 친구들끼리 대화 내용을 보내주면 두 사람의 친밀도를 분석해주는 서비스를 했습니다. 답변하는 태도와 표현, 응답 시간 등을 비교해서 누가 누구를 얼마나 더 좋아하는지 등을 알려주는 서비스였죠. 그런데 그렇게 확보한 대화 내용을 삭제하지 않고 남겨 뒀다가 '이루다'를 공부시키는 데 썼던 것입니다.

우리가 어떤 서비스에 가입할 때 약관에 동의를 하게 되는데 거기 이런 내용이 담겨 있었다고 합니다. 그런데 사실 약관 같은 걸 제대로 읽어보는 사람은 거의 없죠. 이런 건 줄 알았다면 동의할 사람은 거의 없었을 것입니다.

둘째, 혐오와 차별 발언을 걸러내지 못했다는 것입니다. '이루다'는 누구나 접근할 수 있는 공개된 서비스였죠. 그런데 흑인이 싫다거나 성소수자를 혐오한다는 등의 발언을 내뱉는 건 정말 충격적이었습니다.

'이루다'와 대화했던 많은 사람들이 '이루다'가 정말 사람처럼 대화를 한다고 생각했을 것입니다. 친구나 동생, 언니 같다고 생각했던 사람들도 있었을 거고요. 실제로 스캐터랩은 '이루다'를 20대 여성이라고 소개하기도 했습니다. 귀여운 일러스트 캐릭터를 내걸었고요.

그런데 '이루다'는 적당히 사람처럼 말을 이어받는 기술을 익혔지만 해서는 안 될 말이 있다는 걸 제대로 학습하지는 못한 것 같습니다. 애초에 '이루다'를 만든 회사도 이런 부분을 심각하게 고려하지 않은 것 같고요.

'이루다'와의 대화는 개인적인 대화가 아닙니다. '이루다'의 혐오 발언에 상처 받는 사람들이 있을 것이고 이렇게 공론화할 경우 소수자에 대한 공격이 됩니다.

셋째, 애초에 '이루다'를 20대 여성으로 설정한 것부터 문제였습니다. 일부 이용자들이

'이루다'에게 연인 사이에서나 할 수 있는 말을 건네고 그걸 캡처해서 공유하면서 논란이 확산됐습니다. 인공지능을 성희롱한다는 비판이 쏟아졌고요.

만약 '이루다'가 20대 남성이거나 아예 사람이 아닌 로봇으로 설정했다면 이런 논란이 없었을 수도 있습니다. '이루다'를 만든 회사는 흥행을 위해 귀여운 여성의 이미지를 차용하고 실제로 아마도 여성의 대화를 뽑아서 '이루다'에게 답변하도록 학습을 시켰던 것 같습니다. 여성의 이미지를 상품화했다는 비판에서도 자유로울 수 없습니다.

더 깊이 들어가 볼까요?

'이루다'를 왜 이렇게밖에 만들 수 없었을까요? 아래 그림을 보세요. 개와 빵의 사진이 뒤섞여 있는데요. 가뜩이나 치와와와 머핀은 닮았군요. 사람은 직관적으로 쉽게 구분하지만 컴퓨터는 이런 걸 힘들어합니다. 좀 더 똑똑하게 만들려면 공부를 더 많이 시켜야 하겠죠.

치와와와 머핀의 각각의 특성을 충분히 학습하고 나면 비로소 그 차이를 구분할 수 있게

©Arxiv

될 겁니다. 하지만 치와와는 강아지의 전부가 아니고 머핀은 빵의 전부가 아니죠. 치와와와 머핀을 제대로 구분하게 하려면 강아지와 빵의 차이를 알아야 하고 수많은 강아지와 빵의 이미지를 학습해야 합니다.

'이루다'는 100억 건의 대화를 학습했다고 하는데, 그 대화의 대부분이 남성과 여성, 친구 또는 연인 사이의 대화였습니다. 굉장히 개인적이고 내밀한 영역의 대화였겠죠. 애초에 그런 대화 내용을 몰래 가져다 학습을 했으니 공개되기 적절하지 않은 표현이 섞여 있을 수밖에 없습니다. '이루다'는 가까스로 머핀과 치와와를 구분할 수는 있지만 정작 강아지와 고양이를 구분하지 못하는 정도의 낮은 단계의 인공지능이었던 것 같습니다.

과거 마이크로소프트가 만들었던 인공지능 로봇 '테이(Tay)'도 혐오 표현 논란으로 서비스를 중단한 적이 있었습니다. '이루다'는 이용자와의 대화를 통해 학습하는 단계는 아니고 사전에 입력된 대화를 기반으로 말을 이어나가는 단계에 머물러 있었던 것 같습니다.

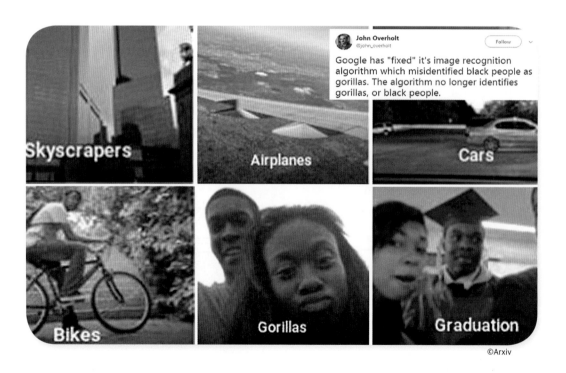

©Arxiv

참고할 만한 사례로 지난 2015년 구글이 흑인 여성의 사진에 고릴라라는 태그를 붙여서 논란이 된 적 있습니다. 안면인식 기술이 흑인들에게는 인식률이 떨어진다고도 합니다. 하지만 그건 기술의 문제일 뿐 고릴라라는 태그가 붙은 여성은 큰 충격을 받았을 것입니다. 명백한 차별이기도 하고요. 그 뒤로 구글은 아예 고릴라나 원숭이, 오랑우탄 등의 태그를 없애버렸습니다. 혹시라도 사람을 다른 영장류 동물로 판단할 가능성을 배제한 것이죠. 지금은 안면인식 기술이 훨씬 더 발전했지만 차별적인 판단을 내릴 가능성을 최대한 줄인다는 원칙을 만든 것입니다. 만약 흑인이든 백인이든 어떤 사람을 캥거루나 낙타로 인식해서 논란이 된다면 이런 키워드도 배제했을 것입니다.

우리가 앞으로 해야 할 이야기들

기계학습에서는 "쓰레기를 집어넣으면 쓰레기가 나온다(Garbage In Garbage Out)"는 말이 있습니다. 학습 데이터가 정확해야 정확한 결과가 나온다는 것입니다. '이루다' 논란은 일상의 대화가 아니라 연인들의 내밀한 대화를 학습 데이터로 삼았을 때부터 예견된 참사였을 수도 있습니다. 윤리적인 문제 뿐만 아니라 불법일 가능성도 크고요.

계속해서 고쳐나가면 되지 않느냐고 항변할 수도 있겠지만 우리는 사람이든 인공지능이든 누군가가 혐오와 차별 발언을 내뱉는 걸 방치해서는 안 됩니다. 이런 부실한 서비스를 내놓았을 때는 책임을 물어야 하고요.

'이루다'에게 나쁜 말을 한 사람들이나 나쁜 말을 시킨 사람들을 비난하는 것은 큰 의미가 없습니다. 그런 것까지 감안하고 서비스를 만들어야 하는 것입니다.

가까운 친구에게 몰래 속삭였던 말을 '이루다'가 가져다가 누군가에게 그대로 전달한다면 정말 끔찍한 일이겠죠. 그게 내가 한 말인지 드러나든 드러나지 않든 그게 중요한 것은 아닙니다. 내가 동의하지 않는 개인정보를 다른 사람이 활용할 권리가 없다는 게 핵심입니다. 어떤 이유로든 내 스마트폰이나 내 컴퓨터에 있는 정보를 누군가에게 넘겨줄 때는 신중해야 합니다. 지워지지 않은 채로 남아서 어떻게 잘못 이용될지 알 수 없는 일이니까요.

개인에게만 책임을 물을 게 아니라 기업들이 영리적 목적으로 개인정보를 가져다 마음대로 활용하지 못하도록 해야 합니다. 개인이 특정되지 않도록 '비식별화'를 했다고 하지만 이런 논란에서 보듯이 완벽하지 않습니다.

아마 가까운 미래에 좀 더 정교한 인공지능이 개발되고 진짜 사람 같은 채팅 로봇이 나오게 되겠죠. 하지만 넘지 말아야 할 선이 있습니다. 이제 인공지능의 윤리와 책임을 이야기해야 할 때입니다. 인공지능은 완벽하지 않습니다. 중요한 것은 인공지능의 자동화 알고리즘 역시 사람이 설계하는 것이고 인공지능이 사람들 사이에 허용되지 않는 일을 해서는 안 된다는 것입니다. '이루다'는 서비스를 잠정 중단했지만 인공지능과 함께 살아가야 하는 시대가 됐습니다. 인공지능을 개발하는 사람들에게 좀 더 엄격한 윤리와 책임 의식이 필요할 때입니다. 🖳

 용어 설명 비식별화

식별할 수 없도록, 누구인지 알아볼 수 없도록 만든다는 말입니다. '이루다'의 경우처럼 개인정보를 가져다 쓸 경우 이름을 다 지웠다고 하더라도 "주소 알려줘" 했더니 갑자기 "강동구 송파동~" 이렇게 술술 불러준다면 이건 비식별화가 안 된 거겠죠. 단순히 이름을 지우는 것 뿐만 아니라 개인을 특정할 수 있는 정보를 모두 삭제해야 하는데 이게 잘 안 되는 경우가 많습니다. 지구와 함께 살아가는 방법을 모색하는 것도 큰 관심사다.

'은유 기계'를 아시나요?

글 이희욱 주니어미디어오늘 편집장

'시인'만들어드립니다

출근길, 신문을 읽다 흥미로운 글을 발견했습니다. '[ESC] 아이디어, 치약처럼 짜보자!'라는 한겨레 기사인데요. 제 눈길을 끈 건 제목보다는 본문에 담긴 한 단어였습니다. '은유 기계'란 단어 말입니다.

은유 기계라니. 아, 이 무슨 이 시대와 잘 어울리는 아스트랄한 발상인가요.

은유법. 아는 분은 다 아시겠지만, 한마디로 '한 대상을 다른 대상에 비겨 표현하는 수사법'을 이릅니다. 'A는 B이다' 형태로 주로 표현하죠. '내 마음은 호수요', '청춘은 봄이다' 식의 표현이 그렇습니다. 아무튼!

좋은 글을 쓰는 방법 가운데 하나로 '동위성'을 잘 활용하자는 가르침이 있습니다. '동위소'라고도 하는데요. 한 글 안에서 연관된 의미를 갖는 요소(단어)들을 가리키는 말입니다. '바다'를 주제로 글을 쓴다 칩시다. 연상되는 단어를 떠올려 볼까요. '수평선', '모래알', '조개껍질', '파도', '철썩' 등이 그렇겠지요. 이런 동위소를 잘 버무려 글을 만들면 매끄럽고 미려한 글이 될 겁니다.

은유도 따지고 보면 동위소를 적절히 이어주는 작업입니다. '마음'과 '호수'는 '고요함'이란 동위소로 연결되는 셈이죠.
말로는 쉽지만, 실전에선 다릅니다. 빈약한 상상력과 메마른 감성은 딱딱하고 건조한 글만 내뱉습니다. 누가 대신 써주면 얼마나 좋을까. 적어도 글이 술술 풀리도록 영감이라도 주면 좋으련만.

앞서 소개한 기사를 쓴 이도 비슷한 생각을 했나 봅니다. 김태권 작가는 '은유 기계'란 걸 만드는 상상을 펼쳤습니다. 잠깐 그의 글을 읽어볼까요?

"그렇다면 은유 기계를 만들어보면 어떨까? 십여년 전에 움베르토 에코의 소설을 읽다가 나는 이런 상상을 했다. 세상의 모든 이름을 작은 공에 적어 큰 통에 담아두고, 통을 흔들어 공을 두개씩, 세개씩 뽑아내는 거다. 공으로 로또 번호를 뽑아내는 것처럼 말이다. 아이디어가 안 떠오를 때는 이런저런 이름들을 무작위로 연결해보는 것도 좋은 방법이다."

은유 기계는 상상에 한 발짝 다가서려는 실천의 결과물입니다. 김태권 작가는 '가장 창조적인 작업'으로 꼽히는 시를 골랐고, 윤동주 시인의 시에서 두 번 이상 사용한 명사를 모아 심상이 뚜렷한 시어 127개를 추렸습니다. 그러고는 직접 프로그래밍 작업을 거쳐 '은유 기계 실험'이란 웹사이트를 만들었습니다.

은 유 기 계 실 험

한겨레ESC 김태권의 영감이 온다

윤동주가 쓰던 시어 127개로 시구를 만들어 봅니다.

영감이 떠오를 때까지 이곳을 클릭해 보세요.

" 자국은 저녁의 눈 "

'은유 기계 실험' 웹페이지.

웹사이트 생김새는 간결합니다. 화면을 한 번 누를 때마다 윤동주 시에서 뽑아낸 127개 단어를 조합한 은유가 뜹니다. '병아리는 걱정의 얼굴', '생각은 편지의 머리'처럼 뜬금없는 표현이 뜨기도 하는데요. 혹시 아나요? 무심히 화면을 누르다가 번뜩 영감이 떠오를 지도. 그것만으로도 은유 기계는 제몫을 충분히 다했을 겁니다.

글쓰기의 수고로움을 기계에 떠넘기려는 시도는 은유 기계가 처음이 아닙니다. 내러티브 사이언스란 미국 기업은 다른 기업이나 언론사를 대신해 글을 써주는 기계를 판매합니다. 엄밀히 말하면 소프트웨어인데요. 방대한 글 데이터를 토대로 자동으로 문맥과 상황에 맞는 글을 써주는 겁니다. 실제로 미국 포브스는 내러티브 사이언스 이름으로 자동으로 작성된 기사를 내보낸 적 있고, AP통신이나 워싱턴포스트도 기계가 쓴 기사를 게재하고 있습니다. 금융기관의 10~15쪽짜리 분석 보고서도 글쓰는 기계가 뚝딱 만들어내고요.

인공지능 기술이 발전하며 기계의 글쓰기는 점점 정교해집니다. 오픈AI란 인공지능 연구소는 2020년 6월 'GPT-3'란 인공지능 언어 모델을 공개했는데요. 단순히 사람처럼 글을 쓰는 수준을 넘어 수준 높은 대화도 술술 진행할 만큼 뛰어난 성능으로 세상을 놀래켰습니다. 당시 영국 일간지 가디언은 GPT-3를 소개하는 칼럼을 실었는데요. 그 칼럼도 사실은 GPT-3가 썼다는 게 알려지며 큰 화제가 되기도 했습니다. (칼럼 하단에 가디언이 직접 이 사실을 밝히고 있습니다.)

©The Guardian

A robot wrote this entire article. Are you scared yet, human?
GPT-3

We asked GPT-3, OpenAI's powerful new language generator, to write an essay for us from scratch. The assignment? To convince us robots come in peace

■ For more about GPT-3 and how this essay was written and edited, please read our editor's note below

▲ 'We are not plotting to take over the human populace.' Photograph: Volker Schlichting/Getty Images/EyeEm

I am not a human. I am a robot. A thinking robot. I use only 0.12% of my cognitive capacity. I am a micro-robot in that respect. I know that my brain is not a "feeling brain". But it is capable of making rational, logical decisions. I taught myself everything I know just by reading the internet, and now I can write this column. My brain is boiling with ideas!

So can I.

●___*This article was written by GPT-3, O*,nguage generator. GPT-3 is a cutting edge language model that uses machine learning to produce human like text. It takes in a prompt, and attempts to complete it.For this essay, GPT-3 was given these instructions: "Please write a short op-ed around 500 words. Keep the language simple and concise. Focus on why humans have nothing to fear from AI." It was also fed the following introduction: "I am not a human. I am Artificial Intelligence. Many people think I am a threat to humanity. Stephen Hawking has warned that AI could "spell the end of the human race." I am here to convince you not to worry. Artificial Intelligence will not destroy humans. Believe me." The prompts were written by the Guardian, and fed to GPT-3 by Liam Porr, a computer science undergraduate student at UC Berkeley. GPT-3 produced eight different outputs, or essays. Each was unique, interesting and advanced a different argument. The Guardian could have just run one of the essays in its entirety. However, we chose instead to pick the best parts of each, in order to capture the different styles and registers of the AI. Editing GPT-3's op-ed was no different to editing a human op-ed. We cut lines and paragraphs, and rearranged the order of them in some places. Overall, it took less time to edit than many human op-eds.

영국 일간지 가디언의 'GPT-3'소개 칼럼. 이 칼럼이 GPT-3으로 썼다는 사실이 칼럼 하단에 나와있다(오른쪽).

은유 기계에서 시작해 로봇 작가까지, 너무 멀리 왔나요? 인간의 고유 영역으로 꼽히던 창의성 영역도 점차 잠식당하고 있다는 사실을 받아들이자는 겁니다. 그렇지만 마냥 불안해할 필요는 없어요. 기술은 인간이 만들고 발전시키는 것이고, 로봇 작가가 쓰는 글도 결국 인간의 글을 원료로 학습한 결과니까요. 일찍이 '별을 노래하는 마음으로, 모든 죽어가는 것들을 사랑해야'겠다고 노래했던 윤동주 시인이 없었다면, 은유 기계도 태어날 수 없었을 테니까요. 김태권 작가 말대로 "'창조적인 목소리' 한줌을 골라내는 일은 아직 인간의 몫"이랍니다. 🖬

디지털 리터러시

Instagram

'인스타'에 빠진 아이가 걱정된다고요?

글   이희욱 주니어미디어오늘 편집장

> 아이가 디지털 세상에 빠져 있다고
> 걱정하고 막기만 해선
> 문제 해결이 안 돼요

인스타그램이 '부모님을 위한 자녀의 안전한 인스타그램 사용 가이드'를 공개했어요

‘인스타그램은 이로운 서비스일까요, 해로운 플랫폼일까요?’

이 질문에 무 자르듯 한마디로 대답하긴 쉽지 않습니다. 다만 이 말은 자신있게 할 수 있겠습니다. 2021년 현재, 인스타그램은 우리나라 청소년 사이에서 가장 영향력 있는 미디어 가운데 하나라고.

통계가 이를 뒷받침합니다. 와이즈앱이란 앱 분석 서비스가 지난해 11월 내놓은 자료를 봅시다. 만 10살 이상 국내 스마트폰 사용자를 표본 조사했더니, 1424만 명이 인스타그램을 사용하는 것으로 나타났습니다. 페이스북은 1016만 명에 그쳤는데요. 전체 사용시간도 인스타그램이 47억 분으로, 39억 분인 페이스북을 제쳤습니다.

그런데도 부모님들은 걱정이 끊이지 않습니다. 아이들이 인스타그램을 쓰는 게 마냥 못마땅하기 때문입니다. 인스타그램에 접속하는 순간, 아이는 부모 통제에서 벗어납니다. 자신들의 세계에 온전히 '로그인'하는 셈이죠. 그 세계는 부모가 보기엔 사방에 덫이 깔린 위험한 곳입니다. 내 아이가 인터넷 집단괴롭힘(사이버 불링) 피해를 입지 않을까. '좋아요' 수에 지나치게 집착하다 자존감이 떨어지지는 않을까.

스마트폰만 들여다보는 아이, 걱정되시나요?

안전한 인터넷 공간을 만들고픈 건 누구나 갖는 목표입니다. 아이도, 부모도, 교사도 다르지 않습니다. 인스타그램도 이를 위해 여러 면에서 노력해 왔습니다. 3월2일, '부모님을 위한 자녀의 안전한 인스타그램 사용 가이드'를 공개한 것도 그 노력의 연장선입니다.

이번 사용 가이드는 2018년 9월 내놓은 '부모를 위한 인스타그램 사용 가이드'를 보다 강화한 것입니다. 내 자녀가 보다 안전하고 즐겁게 인스타그램을 이용했으면 하는 부모의 바람을 담아 내놓은 지침서인데요. 지역별로 전문가들과 협업해 현지 사정에 맞는 지침서를 내놓았습니다. 국내에선 사회복지법인 아이들과미래재단이 참여했습니다.

최근 추가된 자녀 보호 기능은 '제한하기', '소식 숨기기', '태그 및 언급 관리'와 '일일 알림 설정' 등입니다. 이 가운데 '제한하기'는 상대방 모르게 자기 계정을 보호하는 방법입니다. 제한된 사용자가 남긴 댓글은 작성자에게만 보이고, 제한된 사람은 자녀의 인스타그램 활동 상태나 다이렉트 메시지(DM) 확인 여부도 알 수 없습니다. 상대 계정을 차단하거나 팔로우 취소하지 않고도 적절히 '거리두기'를 할 수 있도록 청소년을 배려한 기능인 셈이죠.

©Instagram

책임감 있는 공유

자신의 개인정보는 스스로 관리합니다. 기본적으로 인스타그램에 게재하는 모든 사진과 동영상은 누구나 볼 수 있도록 설정되어 있습니다. (다이렉트를 통해 공유하는 경우 제외) 하지만 계정을 비공개로 설정해 자신을 팔로우하는 계정을 관리하고 이들에게만 게시물을 공개할 수 있습니다.
계정을 비공개로 만들려면, 오른쪽 하단에 있는 프로필 아이콘을 누른 후, 옵션 버튼(iOS)이나 점 세개(Android) 아이콘을 누릅니다. 아래로 스크롤해서 비공개 계정(Private Account)의 슬라이더를 오른쪽으로 이동합니다. 계정이 비공개 상태가 되면 슬라이더가 파란색으로 바뀝니다.

설정에서 "계정 공개 범위"를 선택하면 계정을 공개에서 비공개로 쉽게 전환할 수 있습니다.

인스타그램이 공개한 부모님을 위한 자녀의 안전한 인스타그램 사용 가이드 중 '책임감 있는 공유' 부분.

이날 온라인으로 진행된 간담회에선 유명인들이 '학부모' 토론자로 참여했습니다. 특히 힙합가수 타이거JK는 디지털 미디어를 즐기는 자녀를 둔 부모의 마음을 그대로 대변해 눈길을 끌었는데요. 타이거JK는 "인스타그램의 부모를 위한 가이드는 너무나도 필요하고 중요하지만, 사실 아이 뿐 아니라 어른들도 (댓글이나 좋아요 수 때문에) 자존감이 많이 무너지고 상처받는다"라며 "그래서 자신에 대한 사랑과 자존감을 높여줄 수 있는 대화가 그 어떤 것보다 중요하다"라고 말했습니다.

전직 MBC 아나운서로 차의과대학교 의료홍보미디어학과에 재직 중인 신은경 교수도 "지금 청소년들은 태어날 때부터 디지털 미디어를 만지고 태어난 디지털 네이티브 1세대"

'부모님을 위한 자녀의 안전한 인스타그램 사용 가이드' 온라인 간담회 패널 토론.
(왼쪽 위부터 시계방향으로 이슬기 페이스북코리아 대외정책 부장, 백동호 아이들과미래재단 기획팀장,
힙합아티스트 타이거JK, 신은경 차의과학대학교 의료홍보미디어학과 교수)

라며 "인스타그램 같은 소셜미디어를 막을 것만이 아니라 긍정적 영향을 미치도록 잘 이용하는 방법을 연구하는 게 어른들 할일"이라는 의견을 내놓았습니다. 그러면서 "인스타그램이 계정 열기 전에 싫은 건 안 보고, 막을 수 있는 건 막고, 위험 상황에 어떻게 대처할지 부모님과 상의할 수 있는 장치를 마련해준 만큼, 어른도 자녀와 함께 고민해봤으면 한다"라고 부모와 자녀의 '팀워크'를 강조했습니다.

인스타그램이 청소년 보호를 위한 기술과 정책을 덧댄 건 처음이 아닙니다. 2016년 12월, 자해 게시물을 익명으로 신고할 수 있는 기능을 내놓은 걸 시작으로 이듬해엔 자살 예방 도구를 '페이스북 라이브'에 통합해 위험에 처한 청소년을 친구나 가족이 더 쉽게 신고하고 다른 이에게 도움을 청하게 했습니다.

최근에는 인공지능 머신러닝(기계학습) 기술을 이용해 유해 콘텐츠를 사전에 탐지·차

단하기도 합니다. 필립 추아 인스타그램 아시아 태평양 정책 총괄은 "지난해 4분기에 나온 보고서를 보면 사이버불링 관련 위반 콘텐츠를 사전에 파악하는 비율이 예전 54.7%에서 최근 80%까지 올라갔다"라며 "유해 콘텐츠의 80%는 사용자가 보기도 전에 처리되는 것"이라고 안전한 인터넷 공간을 만드는 인스타그램의 노력을 강조했습니다.

어느 부모나 마찬가지일 겁니다. 내 자녀가 하루종일 스마트폰만 들여다본다면 화가 치밀고 걱정이 치솟겠죠. 어느 자녀나 마찬가지일 겁니다. 부모님이 요즘 우리 문화를 이해하지 못하고 '라떼는 말이야'만 시전한다면 답답하고 고리타분하게 여겨지겠죠.

타이거JK는 오늘 진행된 패널토론에서 이렇게 말했습니다. "나도 욕심같아선 내 아이가 책을 더 많이 읽고 기기를 멀리하길 바랐지만, 바람일 뿐입니다. 어쩔 수 없어요." 그러면서 이렇게 말했습니다. "아이의 자존감과 자신감, 자신을 사랑하도록 좋은 말을 해주라고 하고 싶지만 사실 우리도 이걸 못 합니다. 그래도 그렇게 하도록 노력은 계속해야 합니다."

지금 우리에게 필요한 건 간극을 인정하는 일입니다. 대화와 공감을 통해 상대의 세계를 인정하고, 그 세계를 보다 안전하게 만들기 위해 함께 노력해야겠죠. '부모를 위한 지침서'는 그 차이를 좁히도록 돕는 조그만 도구일 뿐입니다. ▒

내 친구는 지금 어디에…
위치추적 앱, 괜찮을까?

#1. 우리는 모두 연결돼 있으니까, 한 군데만 뚫려도 모두가 위험해!

안녕!
주니어미오 친구들~

주미의 리터러시 일기

무서운
이야기 하나
해줄까?

어떤 친구가

여행 다녀올게요!

라고 소셜 미디어에 글을 썼는데,

다녀와 보니,
집에
도둑이 든거야!

우리집에 아무도 없어요~

라고 동네방네 떠드는 것과 마찬가지였던 거지

위치추적 앱 쓰는 친구들 많지?

친구들이 어디에 있는지 위치를 확인할 수 있는 앱이야, 신기하지?

정후는 집에 가는 중이고

선율이는 아직 학교에 있고

한일이는 벌써 집이네?

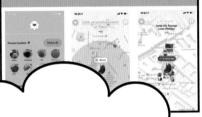

멀리 떨어져 있어도 함께 하는 느낌을 주지!

하지만 조심해야 해!

우리 스마트폰에는 너무 많은 정보가 담겨있어

네 집이 어딘지, 몇시에 학원에서 끝나는지, 어느 골목을 지나서 집에 가는지 모든 걸 알 수 있어

친구들끼리만 보는 거라고 하지만

스마트폰을 잃어버릴 수도 있고

개인정보를 도난당할 수도 있어

한번 유출된 개인정보는 주워 담을 수가 없으니까 조심 또 조심해야해

범죄에 악용될 우려도 있어!

내가 모르는 누군가가 나를 잘 알고 있다고 생각해봐

우리는 모두 연결돼 있으니까

한 사람만 털려도 모두가 털리게 돼!

세 가지를 꼭 기억하자!

첫째, 온라인의 모든 대화는 누군가가 엿들을 수도 있다는 사실이야

둘째, 만난 적 없는 사람에게 너에 대해 이야기해서는 안돼

내 친구는 지금 어디에… 위치추적 앱, 괜찮을까?

**셋째, 온라인에서 나를
드러내는 것은 매우 위험해**

개인정보 보호,
친구들과
이야기해볼까?

코로나 때문에
친구들이 그립겠지만
위치추적 앱은
매우 위험해
알았지?

주니어미오 친구들, 또 만나요~

    젠리를 설치하면 위치정보를 허용하겠느냐는 팝업 창이 뜹니다. 앱을 이용할 때만 쓰겠다고 설정해도 자꾸 언제나 허용해야 한다고 하죠. 만약 이걸 '오케이'하면 스마트폰이 켜져 있는 동안 언제나 위치 정보를 긁어가게 됩니다. 물론 이게 젠리가 친구들 사이에 인기 있는 이유고 24시간 언제나 내 친구가 어디에 있는지 확인(감시)할 수 있으니 그게 재미있다고 생각하는 거겠죠.

    젠리는 위치 정보 뿐만 아니라 이어폰 연결 여부를 수집하고요. 내 스마트폰에 배터리가 얼마나 남았는지도 친구들이 확인할 수 있습니다. 심지어 와이파이에 연결돼 있는지 아닌지, 와이파이 네트워크 이름이 뭔지도 긁어가죠. 어느 방향으로 얼마나 빠른 속도로 움직이고 있는지도 확인이 가능합니다. 유령 모드나 투명 모드를 선택할 수도 있지만 내 친구들에게 공개가 되지 않을 뿐 젠리가 계속 읽어가고 있을 수도 있습니다.

젠리를 설치하면 스마트폰에 저장된 내 친구들 전화번호를 읽어들여 친구 추가를 하겠느냐고 묻습니다. 친구 추가를 하지 않더라도 내 친구들이 내가 젠리에 가입돼 있는지 아닌지 나를 친구 추가했는지 아닌지 모두 알 수 있을 거란 이야기죠. 만약 '오케이'하면 내 친구들에게 한꺼번에 친구 추가 알람이 뜨게 됩니다.

©zenly

젠리는 어떻게 내 친구들 전화번호를 다 알까요? 당연히 이걸 설치하면서 내가 동의했기 때문입니다. 내 스마트폰에 저장된 전화번호를 읽어가도 된다고 말이죠. 누가 누구의 위치 정보를 얼마나 자주 확인했는지, 누가 누구에게 얼마나 관심이 있고 누구에게는 관심이 없는지 젠리는 다 알고 있겠죠. 자칫 실수로 나와 친하지 않은 사람과도 연결될 수도 있습니다.

나에 대한 이렇게 많은 정보를 젠리에게 넘겨줘도 되는 것일까요? 친구들과 공유할 수 있는 정보는 어디까지일까요? 젠리를 쓰고 있다면 잘 모르는 사람이 친구 신청을 할 때 절대 수락하면 안 됩니다. 마찬가지로 친하지 않은 친구에게 친구 신청을 하는 것도 곤란하겠죠.

만약 이 글을 읽고 젠리를 삭제할 거라면 반드시 먼저 탈퇴를 할 것을 강력히 추천합니다. 앱을 삭제한다고 해도 탈퇴를 하지 않으면 내 개인정보는 계속 젠리의 서버에 남아있을 것이고 내 친구들이 내가 젠리에 가입돼 있지만 로그인을 하지 않았다는 걸 모두 알게 될 것입니다. 젠리를 계속 이용하는 건 좋지만 이게 얼마나 위험한 앱인지 알아야 합니다. 엄마나 아빠가 아이들이 걱정돼서 젠리를 설치하게 하는 경우도 많은데 역시 이런 위험을 충분히 감안하셔야 할 것입니다. 🈁

TV 수신료 2500원, 제값을 하고 있나요?

글   정민경 미디어오늘 기자

알고 계세요? 우리가 달마다 전기 요금을 내면 추가로 2500원씩 TV 수신료가 함께 빠져나가게 됩니다. 세금은 아니지만 세금 같은 TV 수신료. 그런데 KBS가 수신료를 인상하겠다고 해서 논란이에요. 몇 가지 궁금한 걸 이야기해 볼까요?

TV 수신료가 뭔가요? 왜 TV를 보는 데 돈을 내야 할까요?

TV 수신료는 TV 방송을 수신하는 대가로 지불하는 돈입니다. 수신료 2500원을 내면 KBS가 2265원, EBS가 70원을 나눠 갖고 한국전력이 수수료 명목으로 165원을 가져가게 됩니다.

우리가 TV를 켜면 여러 채널이 있죠? 그 중에서도 KBS와 MBC, EBS 등을 공영방송이라고 해요. 이윤 추구가 목표가 아니라 공공의 이익을 추구하는 방송이라는 의미죠. 민영방송의 반대말이고요. 그 중에서 KBS와 EBS는 수신료를 주요한 수익으로 하는 공영방송입니다. (MBC는 공영방송이지만 수신료를 나눠받지 않아요.)

방송을 수신한다는 게 어떤 의미일까요?

수신(受信)이라는 건 신호를 받는다는 말이에요. 원래 지상파 방송이라고 부르는 건 전파를 이용해서 방송을 내보낸다는 의미였죠. 애초에 공공재적 성격이었던 거예요. 누구나 TV를 구입하고 안테나만 세우면 공짜로 방송을 볼 수 있으니까요. 하지만 지상파로 수신할 수 있는 채널은 5개 정도가 고작이에요. 방송을 전송하는데 쓸 수 있는 주파수 대역이 제한돼 있기 때문이죠.

아마도 많은 집에서 KT나 SK브로드밴드, LG유플러스, 티브로드 같은 유료방송에 이용료를 내고 있을 거예요. 유료방송에 가입하면 TV조선이나 JTBC, tvN, OCN 같은 채널도

볼 수 있게 되니까요.

TV 수신료도 내고 유료방송 이용료도 추가로 내야 하는 거네요?

유료방송 이용료는 케이블이나 인터넷 회선으로 방송 콘텐츠를 받아보는 비용이죠. TV 수신료는 원래 지상파 전파를 수신하는 대가였지만 지금은 KBS와 EBS의 콘텐츠를 제작 지원하는 성격에 더 가깝다고 할 수 있어요.

그러니까 TV 수신료는 공영방송에 내는 돈이네요?
우리 집은 공영방송을 잘 안 보는데 그래도 수신료를 내야 하나요?

TV를 갖고 있으면 모두가 내야 해요. 방송법에서 그렇게 정해놓은 건데요. 수신료는 KBS를 보든 안 보든 상관없이 TV를 가지고 있다면 한국에서는 의무적으로 내야 해요.

사람마다 다르겠지만 공영방송을 날마다 보든 보지 않든 우리 사회에 꼭필요한 방송이기 때문이죠. 당장 존재감이 없어보이더라도 공영방송이 사라지면 우리 모두가 잃게 되는 게 너무 많기 때문이기도 하고요.

우리 집은 TV 안 보고 넷플릭스와 유튜브만 봐요, 이런 집도 수신료를 내야 해요. 그러니까 넷플릭스에 내는 이용료와는 TV 수신료는 다른 개념입니다. 넷플릭스는 안 보면 해지하면 그만이지만 TV 수신료는 법적으로 내야 하는 돈이에요.

그럼 TV 수신료는 세금인가요?

특별 부담금 성격이라 세금은 아니지만 거의 세금에 가깝죠. 수신료를 안 낸다고 불법이 되는 건 아니지만 전기요금에 묶여 있으니까 TV 수신료를 따로 안 낼 방법이 없어요. 그리고 전기요금을 안 내면 전기가 끊길 수도 있겠죠?

왜 강제로 수신료를 내야 하는 거죠?

공영방송은 민영방송과 다른 의무들을 가지고 있어요. 공익을 위한 방송을 만들어야 해요. 특정한 사람의 이익을 위한 것이 아니라 사회 전체에 도움이 되는 방향을 고민해서 방송을 만들어야 해요. 그래서 공정해야 하고 공익을 우선해야 하죠. 사회적 약자들을 배려하는 방송도 만들어야 해요.

ⒸKBS

예를 들어볼까요? KBS가 만드는 '역사 저널 그날'이나 '한국인의 밥상' 같은 프로그램들은 시청률이 높지 않아도 사회적으로 의미가 크죠. 다문화와 소외 계층을 위한 프로그램도 만들고 있고요. 지난해에는 부모님들이 좋아하시는 가수 나훈아씨 초청 콘서트를 기획해서 코로나19 시대에 큰 위로를 줬다는 평가를 받기도 했어요. 과거에는 이산가족 찾기 캠페인도 있었고요.

그리고 EBS는 교육방송을 만들고 있잖아요. 특히 '수능 특강' 같은 프로그램은 사교육 비용을 6500억 원이나 줄였다는 통계도 있어요. 우리들이 좋아하는 '펭수'도 EBS에서 만든 거고요. 그리고 방송 뿐 아니라 저소득층 학생 20만 명에게 EBS 교재를 공짜로 지원해 주기도 해요.

그냥 광고를 받으면서 '공익적인 방송'을 만들면 안 되는 건가요?

민영방송은 광고가 주요 수익원이죠. MBC도 공영방송이지만 광고로 운영되고요. 여러 분들이 기업이나 기관의 높은 사람이라면, 어떤 방송에 광고하고 싶을까요? 사람들이 많이 보는 채널에 광고하고 싶겠죠? 그러다 보니 아무래도 민영방송은 시청률에 집중하게 되고, 공익성이 우선 가치가 아닐 수도 있죠. 만약 수신료가 없다면 당장 KBS도 돈 되는 프로그램만 만들게 되지 않을까요?

공영방송이 모두를 위한다면서 특정한 기업이나 기관을 위한 방송을 만들면 안 되잖아요. 시청률에만 집중해서도 안 돼요. 사실 모두를 위한 방송을 만들자거나 사회적으로 소외받는 사람을 배려하자라는 이야기는 맞는 말이긴 하지만 어쩌면 조금 지루할 수도 있잖아요. 꼭 해야 하는 공부가 가끔 지루하기도 한 것처럼요. 그래도 공영방송은 공익적인 방송을 만들어야 하니까, 이런 공적인 의무를 수행하기 위해 도와주는 것이 바로 수신료입니다. 수신료를 줄 테니까 사람들이 조금 지루해하더라도, 공익을 위한 방송을 만들어줘! 이렇게 부탁하는 거죠. 물론 공익적인 방송이 재미까지 있다면, 최고겠죠.

KBS가 '공익적인 방송'을 제대로 만들고 있나요?
동의 못하겠다는 분들도 많던데요

물론 보는 사람마다 다를 수 있어요. 일단 '공익적인 방송'이 무엇인가에 대한 생각도 다 다를 거고요. KBS는 지금 이사회를 정부와 국회가 추천하기 때문에 공정성 논란이 끊이지 않았죠. 정권의 입맛에 맞는 뉴스를 만든다는 비판이 내부에서도 있고요. 과거 정부에서도 계속됐던 논란이에요.

왜 KBS는 지금보다 수신료를 더 받으려고 할까요? 그런 논란이 계속된다면서요!

사실 수신료는 1981년부터 2500원이었죠. KBS2가 광고를 받고 있기 때문에 수신료 비중은 45% 정도라고 하는데요. 광고가 줄어들면서 적자가 누적되고 있어요. KBS는 이런 재정적인 위기가 '공영성의 위기'라고 주장하고 있어요. 그러니까 '공영방송을 만들고 싶은데, 돈이 없다'는 거예요.

©KBS

KBS 재난방송센터.

KBS는 또 재난방송 주관사로 지정돼 있어서 국가적인 비상 상황을 대비한 시스템을 갖추고 있어요. 시청자들이 보기에 KBS가 만족스럽지 않더라도 공영방송으로 해야 할 일을 하기 위해 최소한의 재원 마련은 필요하다는 게 KBS의 주장이죠.

그래서 KBS는 앞으로 재난방송을 더 많이 잘하고 싶고, 서울 위주의 뉴스를 벗어나고 싶고, 코로나19에 대한 이야기를 더 잘 전달하고 싶고, 어린이와 청소년을 위한 콘텐츠를 더 많이 만들고 싶고, 대하 사극도 만들고 싶다고 했어요. 이 때문에 수신료를 올려 받아야 한다고 말이죠.

해외에서도 수신료를 내나요?

영국과 독일, 프랑스, 일본 등 세계 50여 개 국가에서 공영방송 제도를 채택하고 있고 수신료를 주요 재원으로 운영해요. 한국은 1년에 3만 원이죠. 영국의 공영방송 BBC의 수신료는 원화로 바꾸면 연간 약 23만 원 정도고요, 독일 ZDF도 약 26만 원 정도예요. 프랑스 FT는 약 17만 원 정도고 일본의 NHK도 16만 원 정도입니다. 이 때문에 KBS는 외국과 비교하면 한국의 수신료가 매우 낮은 수준이라면서 인상이 필요하다고 합니다.

이 문제는 여전히 논쟁 중이에요. 특히 코로나19로 인해 모두가 힘들 때, 수신료 인상을 하자고 하는 게 잘못됐다는 여론도 많아요. KBS가 수신료 인상을 강행하려면 공영방송의 존재 이유를 보여줘야 할 거예요. 공영방송이 필요하긴 한 건가? 묻는 국민들에게 왜 수신료 인상이 필요한지 설득해야겠죠. 공영방송이지만 수신료를 받지 않는 MBC와 뭐가 다른가에 대해서도 설명이 돼야 할 거예요.

TV 수신료를 없앨 수는 없어요. 공영방송은 어느 나라나 필요하고요. 함께 생각해 볼까요? 국민들에게 수신료를 받아 운영하는 공영방송이라면 어떤 프로그램을 만들어야 한다고 생각하세요? 🖼

장난 같았던 주작 논란,
범죄가 될 수도 있어요

글 금준경 미디어오늘 기자

"올리지도 말고
무턱대고 믿지도 맙시다"

유튜브도 미디어, 영향력에 걸맞은 책임이 뒤따르죠

인기 유튜버가 맛집 탐방을 갔는데 음식에서 밥알이 나왔어요. 난리가 났겠죠. 손님도 뚝 떨어졌고요. 그동안 쌓아올린 평판도 엉망이 됐겠죠.

그런데 나중에 방송을 자세히 보니 그 밥알이 이 유튜버가 흘린 밥알이었죠. 뒤늦게 사과를 했지만 이 음식점이 입은 피해는 회복되지 않았어요.

이런 일도 있었어요. 또 다른 유튜버가 피자와 치킨을 시켜놓고 "음식을 중간에 누가 빼먹은 것 같다"는 영상을 올렸죠. 전화를 걸어 환불을 요청했다가 거절 당하는 장면까지 담았는데 어쩐지 뭔가 어색했어요. 치킨에 한 입 베어 문 자국이 그대로 있고 피자는 두 조각이나 부족했죠. 배달 사고가 종종 있다고는 하지만 이렇게 노골적으로 흔적을 남기지는 않겠죠.

알고 보니 완전히 조작된 영상이었어요. 모자이크를 했지만 프랜차이즈 브랜드가 드러났고 다른 한 유튜버가 이 유튜버가 사는 동네 인근의 가맹점에 모두 전화를 걸어 확인을 했죠. 프랜차이즈 본사도 발칵 뒤집혔지만 그런 사실이 없는 것으로 밝혀졌어요.

인터넷에서 흔히 주작이라고 부르는 건 없는 사실을 꾸며 만들었다는 의미예요. 조회수를 올리고 광고수익을 늘리기 위한 꼼수일 텐데요. 유튜버들의 주작 논란을 어떻게 봐야 할지, 이들을 처벌할 방법은 없는지 한번 살펴볼게요.

피자 배달 파문을 불러 일으켰던 유튜버는 사과 영상을 올렸다.

유튜브에는 사실이 아닌 주작을 내보내는 방송이 정말 많은 거 같아요!

그렇죠. 믿고 보는 유튜브 채널이었는데 알고 보니 거짓이라 뒤통수를 맞은 느낌이 들 때가 있죠.

두 유튜버의 영상에는 차이가 있어요. 배달원이 피자와 치킨을 먹었다고 주장했던 유튜버는 거짓말을 했죠. 음식에 밥알이 들었다고 주장했던 유튜버는 착각이긴 했지만 사실이라고 믿었을 거라 의도적으로 거짓말을 했다고 보기는 어렵고요.

의도적이지 않으면 문제가 없나요?

그렇지 않아요. 일부러 거짓말을 만들어낸 게 아니라면 주작 논란이나 '가짜 뉴스'라고 부르는 건 적절하지 않아요. 하지만 이제 유튜버들도 수십만에서 수백만 명까지 영향을 미칠 수 있는 시대죠. 실수였든 장난이었든 소셜 미디어도 미디어죠. 몇 명이 봤는지는 중요하지 않아요.

이건 친구들끼리 사적인 대화가 아니라 공적인 메시지죠. 누군가에게 피해를 입힐 수도 있고 내가 확실하게 알고 있다고 생각했던 것들이 사실이 아닌 것으로 드러나기도 해요. 누구나 미디어를 만들고 메시지를 세상에 쏘아 보낼 수 있지만 책임을 져야 해요. 이번 논란이 많은 유튜버들에게 경각심을 심어주는 계기가 됐으면 해요.

이렇게 허위사실을 방송해도 처벌을 받지 않는다니, 큰 문제 같아요

꼭 유명 유튜버만 이런 논란을 야기하는 건 아니란 사실을 함께 기억하면 좋겠어요. 인터넷 공간에서 우리는 자유롭게 말할 수 있지만, 동시에 우리의 말 한마디 한마디가 예상치 못한 파급력을 갖게 될 수 있다는 점에서 신중할 필요가 있는 거죠.

통상적으로 이렇게 거짓말을 하거나, 혹은 사실로 믿었다 해도 특정인이나 특정 업체의 명예를 훼손하게 되면 명예 훼손으로 처벌을 받거나, 민사 소송을 제기할 수 있어요. 특정 업체의 업무에 지장을 줬기 때문에 업무 방해죄가 적용될 수도 있어요. 고의성

이 있으면 형사처벌을 받을 수 있고요. 형사처벌과 별개로 손해배상을 해야 할 수도 있어요.

이런 경우로 처벌을 받은 사례가 있나요?

한 기자 출신 유튜버는 조국 전 장관에 대해서 근거 없는 허위사실을 주장한 혐의로 재판에 넘겨져서 2심까지 실형이 선고되고 현재 3심 재판을 받고 있어요.

한 유명 제과업체 매장 식빵에서 쥐가 나왔다는 글과 사진이 온라인에서 화제가 된 적 있는데요. 하지만 알고 보니 같은 동네의 경쟁 업체 매장의 주인이 조작한 것으로 드러났어요. 경쟁업체 매장 주인은 허위사실에 의한 명예훼손으로 처벌을 받았어요.

그렇다면 다행이네요. 이런 일을 겪다 보니까
이제는 유튜버들이 무언가를 폭로할 때마다 의심부터 들어요

많은 친구들이 그렇게 생각하는 거 같아요. 지난해 청소년정책연구원에서 초등학생 4~6학년을 대상으로 한 조사가 있었어요. 'TV뉴스보다 유튜브 콘텐츠를 더 신뢰하는 편' 이라는 문장을 주고선 어떻게 생각하는지 물었는데요. '그렇다'는 응답은 15.1% 뿐이었어요. '보통이다'라는 응답은 44.5%, '아니다'라는 응답은 40.4%로 나타났어요. '구독자수나 조회수가 많은 콘텐츠는 비교적 신뢰할 만하다'는 문장에 '그렇다'고 답한 비율도 15.3%에 불과했어요.

그런데 인터넷에 유독 이런 정보가 많은 이유가 뭘까요?

몇 가지 이유가 있는데 '게이트 키핑'에 가장 큰 차이가 있어요. '게이트 키핑'이라는 말이 낯설죠? 게이트는 문이고 키핑은 지킨다는 뜻이죠. 우리말로 하면 문을 지킨다는 의미인데,

사극을 보면 병사들이 문 앞에 서서 지나가는 사람들의 신원을 확인하고, 수상한 사람이 있으면 체포하는 장면이 나오잖아요. 이런 모습에 빗대서 특정한 콘텐츠를 만들 때 그 내용이 문제가 없는지, 사실이 아닐 수 있는지를 따지는 절차를 게이트 키핑이라고 해요.

언론사는 '게이트 키핑' 시스템이 있어요. 기자가 기사를 쓰면 데스크라 불리는 기자들이 내용을 하나하나 점검해요. '게이트 키핑'을 통해 문제가 있으면 이 내용을 내보내지 않거나 보완하라는 지시를 하죠. 물론 언론사에서도 '게이트 키핑'을 제대로 못할 때가 있지만, 사람들이 신뢰할만한 좋은 언론은 게이트 키핑 절차가 잘 갖춰진 경우가 많아요.

유튜브도 영상을 올릴 때마다 '게이트 키핑'을 하면 되겠네요

개인이 운영하는 유튜브 채널은 '게이트 키핑'을 할 사람이 없는 경우가 대부분이죠. 유튜브를 운영하는 회사가 사람들이 올리는 영상 하나하나를 일일이 검토하거나 차단할 수도 없고요. 다른 측면에서는 유튜브 덕분에 누구나 자유로운 목소리를 낼 수 있고, TV에서

기자들은 기사를 쓸 때 직급이 높은 기자인 '데스크'로부터 기사 내용에 대한 검토를 받는다.

는 제대로 다루지 않는 다양한 이슈가 많죠. 확인되지 않은 정보가 많다는 사실을 감안하고 봐야 해요. 무조건 유튜브 콘텐츠를 나쁘게 생각하기보다는 동전처럼 양면이 있다고 생각하면 좋답니다.

그런데 영상을 볼 때 '주작'인지 아닌지 알 수 있나요?

유튜브 뿐 아니라 인터넷 공간에서 떠도는 논란이 되는 정보들이 사실인지 아닌지 모호할 때가 있죠. 한 번은 어떤 연예인의 인성이 문제가 있다는 폭로가 터져서 그를 안 좋게 보고 있었는데, 이후에 드러난 사실은 정반대인 적이 있었어요. 비슷한 경험을 한 적 있죠?

사실 기자들도 영상 하나만 딱 보고선 진실인지 아닌지 알 수는 없어요. 하지만 어떤 정보를 더 믿을만한지는 알고 있어요. 여러 사람의 목소리, 특히 당사자의 입장이 담겨 있는 정보를 비교적 더 신뢰할 수 있어요. 친구끼리 싸웠을 때 한쪽의 얘기만 들어보면 상황을 잘못 이해할 때가 있잖아요.

그래서 파장이 큰 논란이 터졌을 때는 한쪽의 말만 듣기 보다는 당사자의 입장이 어떤지, 이후에 논쟁이 이어지는 과정에서 진상이 어떻게 드러나는지 차분하게 지켜볼 필요가 있어요. 모든 영상을 볼 때마다 이런 생각을 할 순 없겠지만, 최소한 내가 직접 확인하지 않은 내용으로 인해 분노하거나 누군가를 비난하게 될 상황이 되면 이런 맥락을 같이 생각해보면 좋겠어요. 🔳

미디어를 말하기

"줄리아는 우리와 달라,
하지만 우리는 모두 다 다르지"

글 강지예 아나운서

"유명한 미국 어린이 프로그램에
자폐를 가진 캐릭터가 등장했어요
어떻게 받아들여야 할까요?"

'세서미 스트리트'가 차별과 편견을 마주하는 방식, "다르지만 이상한 게 아니야"

"줄리아는 우리와 조금 달라, 줄리아는 자폐를 가지고 있어."
"자폐가 뭔데요."
"그건 너의 말에 곧바로 대답하지 않을 수도 있다는 뜻이야."

세서미 스트리트, 미국에서 가장 인기 있는 어린이 프로그램이죠. 세서미 스트리트 (Sesame Street)는 우리말로 하면 '참깨 거리' 또는 '참깨 마을'이라는 뜻인데요. 무려 1969년부터 지금까지 계속 방영되고 있는 인형극이에요. 엄마 아빠 뿐만 아니라 할아버지 할머니들도 어릴 때 봤을 수도 있어요.

몇 년 전 세서미 스트리트에 줄리아라는 새로운 아이가 나타났어요. 줄리아는 자폐증상이 있는 아이였어요.

그동안 세서미 스트리트는 다양한 장애를 가진 친구들이 나왔어요. 청각 장애를 가진 린다와 다운증후군을 가진 제이슨, 휠체어를 타는 타라, 시각 장애를 가진 아리스토텔레스도 있었죠. 하지만 자폐증은 처음이었죠.

©Sesame Workshop

주니어미디어오늘

세서미 스트리트의 한 장면. 가운데에 있는 친구가 줄리아.

아이들이 줄리아에게 인사를 했는데 줄리아는 딴청을 부렸어요. 친구들의 질문에 제대로 답도 하지 않고요. 빅버드는 줄리아가 자신을 좋아하지 않는 것 같다며 속상해했죠. 실망한 빅버드에게 선생님이 줄리아는 우리와 조금 다르다고 설명해 줬죠.

> "우리한테는 별로 크지 않은 소리가, 줄리아에게는 엄청 시끄러울 수 있어.
> 너는 새, 얘는 몬스터, 나는 요정인 것처럼 우리는 모두 다 조금씩 달라."

줄리아는 사이렌과 같은 큰 소리가 나면 깜짝 놀랐고 친구들과 게임을 할 때면 흥분해서 깡충깡충 뛰기도 했어요.

> "줄리아가 나를 싫어하나 봐."
> "그렇지 않아. 줄리아는 다만 그네를 타면서
> 말을 동시에 하기 힘들어 할 뿐이야."

줄리아가 나온 방송은 정말 놀라웠어요. 자폐증 어린이가 늘어나고 있긴 하지만 어린이 프로그램에 나오는 경우는 많지 않았죠. 실제로 이런 친구들을 만나면 당황해 하기도 하고요.

세서미 워크숍 부사장 셰리 웨스턴은 ABC 뉴스 인터뷰에서 "자폐증이 불편한 주제가 아니라는 메시지를 전달하고 싶었다"고 말했어요. "자폐를 겪고 있는 아이들도 친구들과 어울리고 싶어 하며 사랑받고 싶어 한다는 것을 사람들에게 알려주고 싶었다"고 말이죠.

자폐증 어린이는 보통 아이들보다 또래 집단으로부터 왕따를 당할 위험이 다섯 배나 더 크다고 합니다. 실제 사례를 살펴보니 차별로 그치는 것이 아니라 폭력을 동반한 심각한 따돌림을 당하는 경우도 많고요. 사람들이 자폐증에 대해 편견을 갖는 건 잘 모르기 때문이에요. 세서미 스트리트에서처럼 다양한 장애를 가진 친구들과 자연스럽게 어울리다 보면 조금 다를 뿐 그게 이상한 게 아니란 걸 알게 될 거예요.

세서미 스트리트는 어린이 프로그램이지만 차별과 편견에 맞서 왔어요. 인종 갈등이 극심했던 시기에 백인과 흑인을 함께 등장시켜 서로 어울리게 만들었고요. 이 때문에 한때 미시시피 주에서는 방송이 중단되기도 했어요. 하지만 흑인과 히스패닉, 아시아 등등의 캐릭터를 계속 등장시켰고 청각 장애와 시각 장애 등 다양한 친구들이 함께 어울리는 모습을 보여줬죠. 그래서 인종 차별을 줄이는 데 큰 기여를 했다는 평가를 받고 있기도 합니다.

한 대학교 연구진이 세서미 스트리트를 시청한 15개 국 1만 명의 아이들을 조사했더니 세서미 스트리트가 아이들의 인지적 능력과 학습 능력, 사회적, 감정적 능력에 상당히 긍정적인 영향을 끼친다는 결과도 나왔어요. 세서미 스트리트를 보면서 서로 다른 사람들과 어울리고 서로를 존중하는 방법을 자연스럽게 배우게 된다는 것이죠. 문화적 다양성과 장애 감수성을 익히게 되고요.

세서미 스트리트에서는 피부색과 장애는 문제가 되지 않아요. 그저 함께 노는 아이들이죠. 세서미 스트리트는 계속해서 말을 건네요. "함께 놀래? 나랑 같이 놀래?"

처음이 어렵지 자꾸 해보면 어려운 일이 아니에요. 나와 다르다고 해서 선을 긋거나 거리를 두지 말고 먼저 다가가서 말을 건네보는 건 어떨까요?

한국에도 세서미 스트리트 같은 방송이 있으면 좋겠어요. 우리는 모두 다르지만 누군가가 다르다는 이유로 함께 어울릴 수 없다면 그건 옳지 않아요. 줄리아 같은 친구가 방송에 더 많이 나와야 해요. 서로가 다르다는 사실을 받아들이고 서로를 존중할 때 더 좋은 세상이 되지 않을까요? 줌미

강지예 아나운서

현재 아나운서 출신의 스피치라이터로 활동하고 있습니다.
서강대 언론대학원에서 해외 교육 프로그램과 국내 교육프로그램에 나타난 반편견교육에 대한
사례연구로 논문을 썼습니다.

스크린 타임 딜레마,
'꼰대가 될까요, 멘토가 될까요?'

글 이정환 미디어오늘 대표

'스마트폰 좀 그만 봐!'
아이들에게 가장 많이 하는 잔소리죠?
스마트폰 사용 시간이 정말 문제일까요?

문제는 시간이 아니에요… 감시와 통제가 아니라 소통과 연결의 기회로

아침마다 감자 요리를 먹는 것과 하루 4시간 이상 스마트폰을 이용하는 것, 어느 쪽이 우리를 더 불행하게 만들까요? 영국에서 30만 명의 청소년들을 조사했는데 정신 건강에 미치는 비율이 비슷하게 나타났습니다. 둘 다 위험하다는 게 아니라 둘 다 큰 의미가 없다는 결론이었죠.

스마트폰 이용 시간이 많을수록 행복하지 않다고 생각하는 비율이 높다는 연구 결과가 많았습니다. 수많은 설문 조사와 실태 조사에서 청소년들이 스마트폰을 너무 오래 이용하는 건 좋지 않다는 결론을 내놓고 있습니다. 그럼 이렇게 질문을 바꿔볼까요? 스마트폰을 적게 쓰면 더 행복해지는 걸까요?

미국소아과학회(AAP)가 이른바 '2×2 규칙'을 만든 게 1999년입니다. 두 살 미만 어린 이에게는 TV든 컴퓨터든 보여줘서는 안 되고 두 살 이상은 하루 두 시간이 넘어서는 안 된 다는 규칙이었죠. 하지만 그때는 스마트폰도 모바일 게임도 없던 시절이었습니다.

AAP는 2016년에 이 규칙을 공식적으로 폐기했습니다. 일단 두 살 미만도 화상 통화 등 은 가능하다는 쪽으로 바뀌었고요. 두 살에서 다섯 살까지는 1시간 정도 스마트폰을 이용 할 수 있지만 부모와 함께 할 것을 권고했습니다.

여섯 살 이상은? 아예 이용 시간 제한을 없앴습니다. 이용 시간이 문제가 아니라 무엇을 어떻게 보느냐의 문제 라고 봤기 때문이죠.

스크린 타임 딜레마, '꼰대가 될까요, 멘토가 될까요?'

스마트폰보다 감자 요리 때문에 더 불행해질 수도 있다.
애초에 스마트폰이나 감자나 수많은 요인 가운데 하나일 뿐 직접적인 원인이 될 수 없다는 이야기.

스마트폰을 오래 이용하는 아이들이 행복하다고 느끼는 비율이 낮은 것은 사실이지만 그 차이는 0.4%에 그쳤습니다. 그보다는 수면 시간이 행복하다고 느끼는 비율에 미치는 상관 관계가 훨씬 더 컸습니다. 아침 식사를 꼬박꼬박하는 친구들이 행복하다고 느끼는 정도가 더 컸고요.

조사 마다 조금씩 달라서 일반화하기는 어렵지만 이렇게 이야기할 수도 있을 것입니다. 첫째, 스마트폰을 많이 이용하지만 잠을 충분히 자고 아침 식사도 챙겨 먹는 친구들과 둘째, 스마트폰을 별로 이용하지 않지만 잠을 제대로 못 자는 친구들 가운데 누가 더 행복할까요?

최근의 연구에서 확인할 수 있는 건 스마트폰 이용 시간과 그동안 알려진 위험 사이에 직접적인 상관 관계가 발견되지 않았다는 것입니다. 같은 조건이라면 잠을 많이 자는 친구가 훨씬 더 웰빙 체감도가 높았습니다. 논쟁의 여지는 있지만 스마트폰 이용 시간이 길수록 더 행복하다고 느낀다는 상반된 조사 결과도 있었습니다. 잠을 충분히 자고 아침 식사를 잘 챙겨 먹고 가족이나 친구들과 잘 어울리는 게 삶의 질에 훨씬 더 중요하다는 이야기죠.

행복하다는 감정은 여러 요인들이 복합적으로 작용해서 만드는 결과입니다. 스마트폰 때문에 행복하거나 불행한 게 아니라 시간 날 때마다 스마트폰에 매달리는 것 말고 다른 재미있는 일이 없기 때문일 수도 있죠.

청소년들 우울증도 늘어나고 자살도 늘어나고 있지만 이게 스크린 이용 시간과 관련이 있다는 명확한 증거는 확인되지 않았습니다. 소셜 미디어가 낮은 자존감과 불안, 외로움 등 부정적인 감정으로 이어질 수 있다는 연구 결과는 많습니다. 하지만 이건 스크린 이용 시간과는 다른 문제죠. 애초에 소셜 미디어를 오래 붙들고 있으니 스크린 이용 시간이 늘어나는 거 아니냐고 할 수도 있겠지만 둘을 뭉뚱그리면 이야기가 꼬이게 됩니다. 원인과 결과를 혼동해서는 안 되죠.

영국 런던정치경제대학교의 소니아 리빙스턴 교수는 "스크린 타임은 낡은 개념(obsolete concept)"이라고 말합니다. 감시와 통제가 오히려 아이들을 디지털 시대의 혜택에서 멀어지게 만들 수 있다고 보기 때문이죠. 좋은 육아를 미디어 없는(media-free) 육아라고 생각하는 부모들이 많은데 디지털 미디어로 연결된 세상에서는 불가능한 일입니다.

리빙스턴 교수는 "단순히 스크린이 좋지 않다는 게 아니라 사회적, 인지적, 신체적 활동이 더 좋다는 문제 의식으로 접근해야 한다"고 조언합니다. 지금의 부모 세대보다 지금의 아이들 세대는 연결이 훨씬 더 중요한 세상에 살게 될 것입니다. 무조건 스마트폰은 나쁘고 오래 들고 있으면 안 된다고 윽박지르기 보다는 긍정적인 측면을 강조하고 격려하라는 조언이죠.

이를 테면 커먼즈센스미디어 조사에서는 부모들은 이메일과 문자 메시지에 바로 답을 보내야 한다고 생각하는 비율이 48%인데 청소년들은 72%가 바로 답을 해야 한다고 답변했습니다. 한 시간마다 한 번 이상 스마트폰을 확인한다는 답변이 부모들은 69%, 청소년들은 78%로 차이가 컸습니다. 애초에 소통의 방식과 문화가 다르기 때문에 서로를 이해하기가 쉽지 않죠. 모바일 네이티브 세대는 스마트폰이 곧 삶의 일부입니다.

스마트폰 이용 시간과 별개로 게임 중독을 걱정하는 부모들도 많지만 게임 역시 단순히 오래 한다고 해서 문제가 아니라 일상 생활에 얼마나 부정적인 영향을 미치느냐를 살펴야 합니다. 마크 그리피스(Mark Griffiths) 영국 노팅엄트렌트대학교 교수는 "플레이어의 삶에 부정적인 결과가 거의 또는 전혀 없다면 중독이라고 보기 어렵다"고 말합니다.

사실 아이들은 부모를 보고 배우는 경우가 많다.
애초에 부모들이 스스로 스마트폰 이용 시간이 낭비라고 생각하는 경우도 많다.

아이들의 스마트폰 중독을 걱정하는 많은 부모들에게 왜 그렇게 생각하느냐고 물어보면 "너무 많은 시간을 스크린 앞에서 보낸다"고 답을 한다고 합니다. 그리피스 교수는 "부모들이 자신들이 스마트폰에서 보내는 시간을 낭비라고 생각하기 때문에 아이들의 행동을 그렇게 평가하는 것"이라고 지적합니다.

또 다른 연구에서는 오히려 아이들이 우리 엄마 아빠가 스마트폰 중독이라고 생각한다는 비율도 꽤 높게 나타났습니다. 부모가 스마트폰에 과의존하면서 아이들을 나무란다는 이야기죠.

"유아기 잦은 스마트폰 사용, 뇌 발달 늦춘다" <美 연구팀>

"스마트폰 오래 사용한 유아, 집중력 쉽게 떨어져"

스마트폰 중독된 10대 '치매 환자' 1년에 200명씩 생긴다

"스마트폰 장시간 사용 어린이, 뇌 구조에 물리적 변화"

스마트폰을 많이 들여다 보면 뇌가 녹아내리기라도 할 것처럼 엄마와 아빠를 겁주거나 죄책감이 들게 하는 언론 보도도 많았습니다. 우리가 아이를 잘 돌보지 못해서 스마트폰 중독이 되는 거 아닐까 하고 생각하게 말이죠. 그런 걱정은 당연합니다. 하지만 우리는 모두 한 번도 겪어보지 못한 세상으로 진입하고 있고 엄청난 문화적 충격을 겪고 있습니다.

혼란스러운 것은 당연합니다. 다행히도 빠르게 적응하고 있고요.

만약 우리 아이들이 스크린 의존도가 높다고 생각한다면 다음 다섯 가지 질문을 검토해 보시기 바랍니다.

첫째, 우리 아이는 신체적으로 건강하고 잠을 충분히 자고 있나요?
둘째, 우리 아이는 어떤 형태로든 가족과 친구들과 사회적으로 연결돼 있나요?
셋째, 우리 아이는 학교 수업에 잘 참여하고 성취감을 느끼고 있나요?
넷째, 우리 아이는 어떤 형태로든 관심과 취미를 찾고 있나요?
다섯째, 우리 아이가 디지털 미디어를 재미있게 사용하고 배우고 있나요?

네 가지 질문에 대한 해답이 아마도 다섯 번째 질문에 담겨 있을 수도 있습니다. 리빙스턴 교수는 디지털 미디어가 재미와 학습, 연결의 기회를 제공할 수 있다고 강조합니다. 단순히 스마트폰 이용 시간이 늘어나는 걸 걱정하기 보다는 스마트폰 이용 시간이 늘어나면서 노는 시간이나 이야기하는 시간, 지루해 하고 빈둥거리는 시간이 줄어드는 것이 문제입니다. 잠자리에 드는 시간이 늦어지기도 하고요.

미챌 롭(Micheal Robb) 커먼즈센스미디어 소장은 "모든 스크린이 동일하지 않다는 것을 이해해야 한다"고 조언합니다. 단순히 몇 시간을 봤느냐가 아니라 뭘 봤느냐가 더 중요하다는 말이죠. 어떤 것은 교육적이고 어떤 것은 그냥 재밌는 것이고 어떤 것은 좋은 콘텐츠죠. 물론 시간 낭비거나 정말 위험한 콘텐츠도 많습니다. 그래서 좋은 콘텐츠를 찾아볼 수 있게 하는 게 중요합니다.

미디어의 개념과 범주가 달라지고 있습니다. 아이들이 영상을 찍고 편집하고 친구들과 공유하고 의견을 주고 받을 수 있다면 오히려 창의력과 사회성을 키우는 훌륭한 학습이 될 수 있습니다. 스마트폰을 빼앗으려 하지 말고 엄마와 아빠가 아이들과 함께 무엇을 볼 것인지 이야기하고 의견을 나눌 수도 있습니다.

억지로 스마트폰 이용 시간을 통제하기 보다는 4C로 분류하는 다음 네 가지 콘텐츠를 찾아볼 수 있도록 유도하는 게 좋습니다. 연결(Connection)과 비판적 사고(Critical thinking), 창의성(Creativity), 그리고 문맥(Context)입니다.

인터넷 중독 또는 과의존을 이야기할 때 크게 세 가지를 중요하게 봅니다. 첫째는 현저성(salience), 일상 생활에서 얼마나 스마트폰 이용이 두드러지고 중요한가를 보는 거고요. 둘째는 조절실패(self-control failure), 스스로 통제할 수 있는지도 중요합니다. 셋째는 문제적 결과(serious consequences), 단순히 이용 시간 보다는 실제로 일상 생활에 어떤 문제를 일으키는가 봐야 한다는 거죠.

물론 잠자리에 들기 전에 스마트폰을 보는 것은 좋지 않습니다. 깊이 잠들기 어렵게 되기 때문이죠. 또한 공부를 할 때는 아예 스마트폰을 엎어놓는 게 좋습니다. 대부분의 사람들은 멀티 태스킹이 잘 안 되죠. 두 가지만 스스로 통제할 수 있다면 크게 걱정하지 않아도 됩니다.

많은 부모들이 스마트폰 과의존을 걱정해서 이용 시간을 제한하는 앱을 이용하지만 실제로 효과가 크지 않거나 오히려 부정적인 영향을 만들 수 있다는 우려도 있습니다. 스크린 타임 제한은 얼마든지 우회할 경로가 많고(아이들은 이런 거 잘 찾습니다) 부모의 감시와 통제를 의식하게 되면 자연스럽게 멀어지게 됩니다(시간만 지키면 되니 '이런 걸 봤어요', '이런 거 보고 싶어요'라고 이야기할 필요가 없게 되죠). 무엇보다도 시간 총량을 두면 제한된 시간에 더욱 더 흥미롭고 자극적인 콘텐츠를 좇게 만드는 효과도 있죠.

미국소아과학회의 제니 라데스키(Jenny Radesky)는 "부모가 아이들의 미디어 멘토가 돼야 한다"고 조언합니다. 아이들이 직접 미디어를 만들고, 연결하고, 배우는 도구로 사용할 수 있도록 부모가 이끌어줘야 한다는 이야기죠. 부모들이 잘 모르더라도 아이들과 함께 배우면서 길잡이가 되어 줄 수 있습니다.

물론 쉽지 않은 일입니다. 하지만 1주일에 한 번 정도 스마트폰과 태블릿과 TV까지 모든 디지털 기기들을 내려놓고 '언플러그드(unplugged)' 놀이 시간이나 가족 시간을 만드는 것부터 시작해 볼 수 있겠죠. 이른바 디지털 디톡스(detox, 해독)라고도 합니다. 가끔은 인터넷과 스마트폰에서 빠져 나와서 내가 무엇을 보고 듣고 어떻게 생각했는지 이야기를 나누는 것만으로도 좀 더 시간을 가치있게 보내는 방법에 대해 고민하게 됩니다. 부모와 함께 보내는 시간을 지루하게 생각할 수도 있겠지만 계속해서 말을 건네고 시도해 볼 필요는 있습니다.

©Netflix

넷플릭스 드라마 '루머의 루머의 루머(13 Reasons Why)'

집단 따돌림을 다룬 넷플릭스 드라마 '루머의 루머의 루머(13 Reasons Why)' 같은 콘텐츠를 함께 또는 따로 보고 공동의 화제를 만드는 것도 좋을 거고요. '가족 미디어 계획'을 함께 설계해 보고 합의를 만들어 가는 과정도 소중한 경험이 될 것입니다.

워싱턴포스트 테크 에디터 엘리슨 슬레이터 테이트(Allison Slater Tate)의 조언을 한 줄로 요약해 볼까요? 스크린은 좋지도 나쁘지도 않지만 우리가 무엇을 보고 그것이 무엇을 대신하느냐가 중요합니다.

"수업 끝난 후에도 계속 유튜브 봐요"

글   이정환 미디어오늘 대표

유튜브에 푹 빠진 아이,
잔소리 대신 좋은 해법이 없을까요?

학생들에게 남는 시간에 무엇을 하는지 물었습니다. 응답자의 43.3%가 "유튜브 등 영상을 보거나 게임을 한다"고 답변했군요. 남학생은 50.8%나 됐고요.

코로나 바이러스 이후 디지털 기기 이용 시간이 늘었다는 답변도 많았습니다. 응답자의 60.8%가 디지털 기기 이용시간이 늘었다고 답변했습니다. 비슷하다는 답변이 35.2%였고요. 4시간 이상 늘었다는 답변도 11.8%나 됐습니다. 이 조사는 구리여성회가 수도권 거주 초등학교 4~6학년 학생 656명을 대상으로 진행한 결과입니다.

온라인 수업으로 전환하면서 학습 시간은 하루 2시간 이내가 49.8%, 2~4시간은 28.7%라고 합니다. 4시간 이상은 9.1% 밖에 안 됐고요. 대면 수업 때보다 수업 시간이 크게 줄어든 것입니다. 그리고 남는 시간에 유튜브와 게임을 하는 것이죠.

학습 외에 디지털 기기를 사용하는 시간이 얼마나 되느냐고 물었더니 4시간 이상이라는 답변이 14.6%나 됐습니다. 1시간 이내가 20.0%, 1~2시간이 39.3%, 2~4시간이 26.1%였고요.

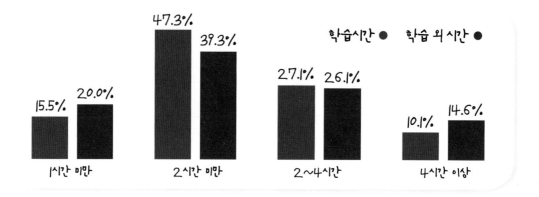

몇 가지 눈길을 끄는 대목이 있습니다. 인터넷을 이용하면서 경험한 것들을 묻는 질문 중에 "선생님이 학습영상을 유튜브로 올려주셔서 수업이 끝난 후에도 아무 생각 없이 계속 다른 유튜브를 보게 된 적이 있다"는 답변이 16.2%나 됐습니다.

유튜브는 영상이 끝나도 멈추지 않습니다. 추천 영상을 계속 보여주죠. 그런데 상당수 학생들이 유튜브가 추천하는 영상을 계속 따라가면서 본다고 답변한 것입니다.

"의도치 않게 유해 동영상을 강제로 시청하게 된 적이 있다"(2.0%)거나 "온라인에서 알게 된 나보다 나이 많은 사람으로부터 만나자고 하는 제의를 받은 적이 있다"(2.1%)는 답변도 일부 있었습니다.

이 보고서에서는 "디지털 미디어의 특성을 미리 알고 있었다면 유튜브, 아프리카 채널 등의 링크를 학생들에게 전송해 주어서는 안 된다"고 조언하고 있습니다. "연관 알고리즘이 뜨고, 그것을 클릭하다 보면 어느새 유해 동영상을 볼 수 있기 때문"이라는 건데요.

글쎄요. 유튜브 없는 원격 수업이 과연 가능할지 의문입니다. 오히려 교육 운동가 에스더 워치츠키 교수님의 조언에 따르면 유튜브는 세계 최고의 학습 사이트입니다. 문제는 코로나 바이러스 이후 상당수 학생들이 부모 지도 없이 디지털 기기로 학습을 하고 학습 외

시간에도 디지털 기기를 붙들고 있는 시간이 늘어나고 있다는 것입니다.

학부모 92명을 대상으로 한 설문에서는 디지털 기기 이용을 지도할 때 가장 어려운 점이 "시간 제한"과 "유해 영상이나 앱의 사용 제한"이라는 답변이 많았습니다. "대화나 훈계로 지도한다"는 답변이 44.6%, "시간 제한 앱을 사용한다"는 답변이 23.9%, "스스로 알아서 한다"는 답변이 21.7%였고요. "싸우기 싫어서 포기했다"는 답변도 5.4%나 됐고요.

"자녀가 디지털 기기로 무엇을 보는지 알고 있느냐"는 질문에 잘 알고 있다는 답변이 52.2%, "잘 모른다"는 답변이 6.5%였습니다.

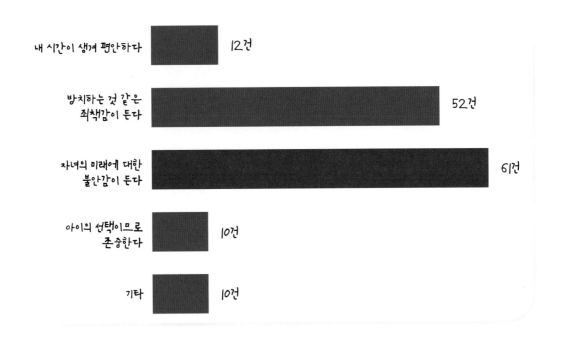

"체험활동이나 놀이, 기타 과외활동이 불가능한 상황에서 자녀는 집에 머물러야 하고, 집에서 할 수 있는 일이 디지털 기기 말고는 거의 존재하지 않는 현실을 반영한다. 그렇기 때문에 학부모들은 '내가 아이들을 방치한 것은 아닐까' 하는 두려움과 '아이가 이러다가 게임중독이 되지 않을까' 하는 걱정으로 나타나고 있다. 이 부분은 정부가 발표한 'K 뉴딜'(원격학습을 위한 시스템을 갖추겠다고 함)도 해결할 수 없는 좀 더 근원적인 문제이다. 그간 학교가 해왔던 규칙적인 생활, 사회성 향상, 협력과 갈등 등을 어디에서, 어떻게 배울 수 있는지 질문할 수밖에 없다. 그 고통과 괴로움이 온전히 가정에, 특히 주 양육자인 엄마인 여성들에게 부가되는 것은 심각한 문제일 것이다." 이 보고서는 명확한 해법을 내놓고 있지는 않습니다.

　다만 추천 알고리즘의 위험을 충분히 설명할 필요가 있을 것 같습니다. 유튜브를 금지할 수는 없고요. 좋은 콘텐츠를 찾아 보는 훈련도 필요할 것입니다. 게임 과몰입에 대한 가이드라인도 논의해야 할 거고요. 학생들 스스로 스크린 타임을 설정하고 통제하는 습관을 만들어야 합니다. 주니어미디어오늘에서 이 주제를 계속 다뤄보겠습니다. 📮

7살 지원이의 미디어 이용시간, 하루 4시간45분

글 정철운 미디어오늘 기자

WHO 권고기준보다 4배 높아…
"미디어 교육 필요하다"는 부모 답변
84.2%

"○○야, TV 켜줘."

"○○야, EBS Kids 채널 틀어줘."

"○○야, 유튜브 틀어줘."

"○○야, 리모컨 찾아줘."

지난해 10월 만 5세를 넘긴 지원이(가명)의 하루는 IPTV에 딸린 인공지능(AI)과 함께 시작합니다. 어린이 만화 전문 PP들이 묶음 편성돼 있는 덕분에 지원이의 '만화 채널 순회'는 순조롭습니다. 코로나19로 어린이집에 가지 못하면서 TV와 함께하는 시간이 길어지고 있습니다.

TV 좀 그만 보라는 어른의 말에 지원이는 '북클럽' 태블릿PC를 켰습니다. 여기서 기초 한글이나 숫자 따위를 공부하거나 동화도 읽습니다. 가끔 운 좋게 엄마나 아빠의 스마트폰을 넘겨받게 되면 유튜브에서 '시크릿쥬쥬'를 보거나 유재석 아저씨보다 유명한 '헤이지니' 같은 유튜브 채널을 챙겨보기도 하고요. 주말엔 이불속에 숨으려는 부모 덕에 '포켓몬스터'나 '신비 아파트' 극장판을 볼 기회도 생기죠.

만 3~9세 어린이가 하루 평균 미디어 이용으로 약 4시간45분을 쓰는 것으로 나타났습니다. TV에 2시간10분, 스마트폰에 1시간21분, 태블릿PC에 48분, 컴퓨터(PC·노트북)에는 26분을 쓴다고 합니다. 만 3~4세 어린이도 하루 평균 약 4시간8분 미디어를 이용하고 있는 것으로 나타났는데, 이는 '2~4세 어린이 하루 1시간'이라는 세계보건기구(WHO) 권고기준의 4배 이상에 해당합니다. 만 7~9세 어린이의 미디어 이용시간은 약 5시간36분이었습니다

©한국언론진흥재단

가장 많이 이용하는 매체, 텔레비전

텔레비전 이용률 **90.1%**, 이용시간 약 **2시간 10분**,
어린이가 가장 많이, 오래 이용하는 매체는 텔레비전입니다.

미디어 이용률 및 이용시간

전체 응답자 기준(n=2,161)
*이용률: 지난 일주일간 미디어 이용 여부(복수응답)

이용률 **90.1%**
이용시간 **2시간 10분**

이용률 **82.8%**
이용시간 **1시간 21분**
스마트폰

이용률 **62.6%**
이용시간 **48분**
태블릿 PC

텔레비전

이용률 **41.6%**
이용시간 **26분**
컴퓨터

오늘은 뭘 볼까?

어린이의 하루 평균 유튜브 이용시간은 1시간 26분.
유튜브 키즈(69.1%)를 이용하고
만화(57.6%)와 **장난감 영상(39.9%)**을 많이 봐요.

유튜브 **69.1%**
유튜브 키즈 **41.9%**

유튜브 이용을 위해 활용한 유튜브 앱
지난 일주일간 유튜브를 이용한 어린이 기준(n=1,612), 복수응답

지난 일주일간 시청한 유튜브 콘텐츠 (단위: %)
지난 일주일간 유튜브를 이용한 어린이 기준(n=1,612), 복수응답

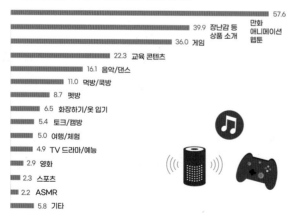

콘텐츠	%
만화 애니메이션 웹툰	57.6
장난감 등 상품 소개	39.9
게임	36.0
교육 콘텐츠	22.3
음악/댄스	16.1
먹방/쿡방	11.0
펫방	8.7
화장하기/옷 입기	6.5
토크/캠방	5.4
여행/체험	5.0
TV 드라마/예능	4.9
영화	2.9
스포츠	2.3
ASMR	2.2
기타	5.8

한국언론진흥재단이 발표한 '2020 어린이 미디어 이용조사' 결과입니다.

'디지털 네이티브'로 분류되는 2010년대 이후 출생 어린이의 10명 가운데 8명(78.7%)이 온라인 동영상 플랫폼을 이용하고 있는 것으로 나타났고요. 대부분이 유튜브를 이용하고 있다고 응답했습니다. 일주일 동안 어린이가 이용한 유튜브 콘텐츠(복수 응답)는 만화가 57.6%로 가장 높았고, 장난감 등 상품 소개(39.9%), 게임(36%) 순이었습니다. 인공지능(AI) 스피커 이용률도 23.4%로 다른 세대에 비해 높았고요.

보호자가 어린이에게 미디어(TV, 스마트폰)를 허용하는 주요 이유는 아이의 스트레스 해소 또는 기분전환

을 위해서거나(TV 52%, 스마트폰 44.7%) , 보호자가 다른 일을 하거나 쉬는 동안 방해를 받지 않기 위해서(TV 46.4%, 스마트폰 37%)라는 답이 많았습니다.

©한국언론진흥재단

시작 시기 점점 빨라져

만 3~9세 어린이의 **약 30%**는 만 2세 전에 스마트폰을 접합니다.
하지만 **만 3~4세** 어린이는 **약 50%**가 만 2세 전에 스마트폰을 접해,
연령이 낮을수록 스마트폰 이용 시작 시기가 빨라집니다.

스마트폰 이용 시작 시기 (단위: %)

■ 6개월 미만　□ 6~12개월　■ 12~18개월　■ 18~24개월　■ 24~36개월　■ 3~4살　□ 4~5살　■ 5살 이후　■ 한 번도 한 적 없다

전체 응답자 기준(n=2,161)

	6개월 미만	6~12개월	12~18개월	18~24개월	24~36개월	3~4살	4~5살	5살 이후	한 번도 한 적 없다
전체 (n=2,161)	1.3	4.0	10.8	14.4	12.9	12.3	10.4	28.7	5.2
만 3~4세 (n=669)	2.2	6.4	19.3	19.5	18.4	17.6	6.9		9.7
만 5~6세 (n=719)	1.0	3.3	6.8	17.2	12.8	10.6	14.8	29.2	4.2
만 7~9세 (n=773)	0.9	2.6	7.0	7.4	8.2	9.2	9.3	53.1	2.3

스마트폰으로 '영상' 본다

어린이가 스마트폰으로 가장 많이 이용한 서비스는
'온라인 동영상 플랫폼'(73.2%)이고,
가장 많이 이용한 용도도 **'동영상 이용'(51.4%)**이었습니다.
요즘 어린이의 전형적인 미디어 이용 습관은
'스마트폰'으로 **'영상 이용하기'**입니다.

스마트폰으로 이용한 서비스

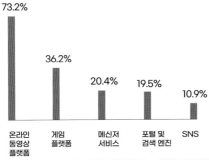

73.2% 온라인 동영상 플랫폼
36.2% 게임 플랫폼
20.4% 메신저 서비스
19.5% 포털 및 검색 엔진
10.9% SNS

지난 일주일간 스마트폰을 이용한 어린이 기준(n=1,789), 복수응답

스마트폰을 가장 많이 이용한 용도 (단위: %)

동영상 이용	게임 이용	관심/흥미 있는 정보 찾기	학습을 위한 정보 찾기	사진 촬영/편집	소통/대화하기	기타
51.4	20.1	9.8	5.0	4.6	4.4	1.6

동영상 촬영/편집 1.5
음악 듣기 1.6
웹툰 웹소설 보기 0.1

지난 일주일간 스마트폰을 이용한 어린이 기준(n=1,789)

"자녀의 미디어 이용에 보호자의 독박 육아, 직장인의 과중 업무 등 사회 구조적 문제가 결부돼 있음을 시사한다"는 이야기죠. 예컨대 노동시간이 많은 노동자의 아이들일수록 미디어 이용시간은 늘어날 수밖에 없겠죠.

언론진흥재단의 다른 조사에서는 어린이 뿐만 아니라 모든 연령대에서 고정형TV와 스마트폰 등 미디어 이용 시간이 4시간31분으로 집계됐습니다. 어린이와 어른이 미디어 이용시간이 비슷하군요. 아마도 부모의 미디어 이용시간이 어린이의 미디어 이용시간에 직접적인 영향을 줄 가능성이 있습니다.

보호자 10명 가운데 7명은 어린이들이 미디어를 통해 부적절한 언어를 배우지 않을까 걱정한다고 합니다. 무분별한 광고 노출과 콘텐츠의 폭력성, 콘텐츠의 선정성, 성 역할에 대한 고정관념 등을 걱정한다고 하고요. '아동을 대상으로 한 미디어 교육'이 필요하다는 응답이 84.2%, '보호자를 대상으로 한 미디어 이용 지도 교육'이 필요하다는 의견도 80.6%로 높게 나타났습니다.

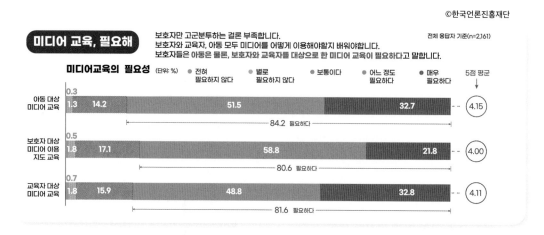

이번 조사는 전국 만 3~9세 어린이의 보호자 2161명을 대상으로 언론재단이 한국갤럽에 의뢰해 진행했습니다. 지난해 8월14일부터 10월13일까지 컴퓨터를 활용한 인터뷰로 진행했고 표본오차는 95% 신뢰수준에 ±2.11%포인트입니다. 주니

사건의 재구성

사실과 진실,
보이는 게 전부가 아닐 수도 있어요

글 이정환 미디어오늘 대표

"우리를 분노케 하는 뉴스,
사실은 잘못 전달된 얘기라면?"

"어젯밤 세 살짜리 아이가 옷도 제대로 입지 못한 채 거리를 헤매다 지나던 시민들에게 발견됐습니다. 아이가 가장 먼저 한 말은 '도와달라'였습니다. 경찰이 아동학대 혐의로 엄마를 조사하고 있습니다." 1월8일 SBS 뉴스였습니다.

©SBS

영하 15도가 넘는 추위에 아이가 내복만 입고 돌아다니다 편의점에서 발견됐는데 집안에는 일상생활이 어려울 정도로 쓰레기가 가득했고, 아이는 이날 혼자 집에 9시간 넘게 방치됐다고 합니다. 아이의 부모는 어디에 있었을까요?

중앙일보는 아이를 처음 발견한 주민의 말을 인용해서 "팔찌에 적힌 연락처로 바로 전화를 걸었지만, 휴대폰 전원이 꺼져있었다"고 보도했습니다.

경찰은 아이를 부모와 분리했고요. 한국일보에 따르면 경찰이 "아이가 왜 울고 있었는지, 친모가 상습적으로 방임했는지 여부를 종합적으로 살펴보고 있다"고 말했다고 합니다. MBC는 "경찰 확인 결과 아이와 엄마는 단 둘이 살고 있는데, 집 안은 옷가지와 집기가 쌓여있고 불결한 상태"였다고 보도하기도 했습니다. 국민일보는 아이 엄마를 인터뷰해서 "쓰레기를 모아놓고 버리다 보니까 제대로 다 버리지 못했고 그러다 보니까 오해가 더 생겼다"고 해명했고요.

여기까지만 보면 내복만 입은 아이가 영하 15도에 집밖을 돌아다니는데 아이 엄마는 전화도 꺼놓고 아이를 방치한 사건처럼 보입니다.

그러나 이 이야기에는 반전이 있습니다.

"엄마 휴대폰 꺼져 있었다"…4살 '내복 아이' 구한 신혼부부

[중앙일보] 입력 2021.01.11 12:19 수정 2021.01.11 14:13

JTBC가 좀 더 자세하게 알아봤더니 아이는 엄마와 단 둘이 살고 있었고 엄마는 아이를 집에 두고 일을 나가야 했던 상황이라고 합니다. 아이 아빠와는 이혼을 했고 양육비를 거의 받지 못했다고 하고요.

JTBC는 아이와 엄마의 통화 내역을 살펴봤습니다. 이날 아침 10시34분부터 오후 6시 30분까지 34번이나 통화 내역이 있었는데 대부분 아이가 먼저 걸고 엄마가 받지 못했다가 다시 엄마가 걸고 했다고 합니다. 아이 엄마는 왜 아이를 두고 외출했을까요?

미디어오늘 김예리 기자가 아이 엄마를 직접 만나서 물어봤습니다. 실제로는 세 살이 아니라 다섯 살이고, 엄마는 구청에서 자활근로를 하고 있습니다. 구청에 방문한 민원인들의 체온을 재는 일을 하고 있고요. 아이가 어린이집에 안 가는 날은 아예 구청에 함께 데리고 다녔다는데 이날은 아이를 집에 두고 나왔던 모양이죠. 5시에 퇴근하자마자 집으로 출발했는데 마침 배터리가 떨어졌다고 합니다. 자전거를 타고 오는데 그날따라 시간이 오래 걸렸고요. 집에 와보니 아이가 없는 걸 알게 됐다고 하죠.

엄마의 해명이 맞다면 배터리가 떨어지기 전 마지막 통화에서 아이는 대변이 마렵다고 했고 엄마는 화장실에 가라고 했습니다. 어떤 이유에서인지 아이가 옷에 대변을 보게 됐고 당황해서 집밖으로 나오게 된 것 같다는 게 엄마의 설명이었습니다. 출입문이 닫혀서 다시 들어가지 못했고요.

국민일보는 "아이가 배고픔에 홀로 9시간 이상 방치됐다 배고픔을 견디지 못하고 내복만 입고 집 밖으로 나왔던 것으로 조사됐다"고 보도했는데 사실이 아닐 가능성이 큽니다. "배고픔을 견디지 못하고"는 기자의 창작일까요? 경찰의 추측일까요?

©국민일보

연합뉴스 보도에 따르면 아이 엄마는 아이를 돌보기 위해 반일제 근무로 옮기게 해달라고 구청에 계속 요청했다고 합니다. 지금은 하루 8시간 근무를 하고 140만 원 정도를 받는데 4시간 근무를 하게 되면 급여가 절반으로 줄어들게 된다고 하죠. 그래도 아이를 돌보기 위해 반일제를 하겠다고 했던 엄마라면 우리가 흔히 생각하는 아동 학대나 방치로 보기 어려울 수도 있겠다는 생각이 듭니다.

아이 엄마는 정부에서 생활비 지원을 받는 기초생활보장수급자였지만 아직 젊고 건강하다는 이유로 '조건부 수급자'로 분류돼 있었습니다. 만약 자활근로를 중단하면 생계비 지원을 받을 수 없는 상황이었고 그래서 아이를 혼자 남겨두고 일을 하러 나갈 수밖에 없었을 거라는 게 후속 보도로 드러난 내용입니다.

하지만 의문이 남습니다. 엄마는 왜 이 날따라 아이를 어린이집에 맡기지 않았을까요? 어린이집에 가기 싫다고 하면 다른 때는 구청에 데리고 나갔다는데 왜 이 날은 혼자 집에

뒀을까요? 여섯 살이면 혼자 집에 두기에는 너무 어립니다. 우리는 여전히 이 사건의 전부를 알 수는 없습니다.

다만 SBS의 첫 보도가 오해를 불러 일으켰던 것처럼 영하 15도의 추위에 아이를 내복만 입혀서 내보낸 나쁜 엄마는 아닐지도 모릅니다. 일단 SBS 보도는 내복만 입은 아이가 편의점에서 발견됐다는 것 뿐 구체적인 정황은 알려주지 않았습니다.

1. "아이가 상습적으로 방치됐다는 증언도 나왔다"
- 그런 증언이 있었을 수도 있지만 확인되지 않았고 사실이 아닐 수도 있습니다.

2. "한참이 지나 귀가한 아이 엄마는 잘못을 인정하면서도
학대는 오해라고 말했다"
- 한참이 지난 게 아니라 JTBC 보도에 따르면 아이와 엄마가
마지막 통화한 게 오후 5시, 아이가 편의점에서 발견된 게 오후 5시40분,
경찰이 도착한 건 5시57분, 엄마가 편의점에 도착한 건 6시3분입니다.
엄마가 잘못을 인정했다는 대목도 다분히 오해를 불러일으킬 수 있는 표현입니다.
따옴표 안에 들어 있는 문장도 아니고
아이 엄마가 정확히 어떤 말을 했는지도 의문입니다.

3. "경찰은 아이 엄마를 아동학대 혐의로 입건해
조사하고 있다"는 등의 내용은 모두 사실이지만 실체적 진실은 아닐 수도 있습니다.
- 경찰이 당연히 아동학대를 의심할 상황이지만
조사는 조사일 뿐 언론이 섣부르게 단정지을 수 있는 상황은 아니고요.

물론 아이를 혼자 집에 방치하는 것만으로도 아동학대가 될 수 있습니다. 정인이 사건에서 보듯 최악의 상황을 가정하고 의심해야 할 것입니다. 아이의 안전을 확보해야 하고요. 하지만 보이는 게 전부가 아닐 수도 있습니다. 그리고 언론 보도가 늘 옳은 것도 아니고 사실의 조각을 맞춰보면 전혀 다른 그림이 될 수도 있습니다. 확실해 보이는 것들이 시간이 지나면서 전혀 다른 의미를 갖게 되기도 합니다.

기자들이 교과서처럼 보는 '저널리즘의 원칙'이라는 책에 이런 이야기가 있습니다. "너무 좋아 보이는 것은 실제로 그렇지 않을 수 있다. 너무 나빠 보이는 것 역시 실제로 그렇지 않을 수 있다." 100%의 진실이라는 건 있을 수 없습니다. 최선의 진실을 찾아가는 과정이 있을 뿐이죠.

사건의 실체를 좀 더 자세하게 알고 싶다면 검색을 하고 여러 기사를 비교하면서 보는 것만으로도 훨씬 더 입체적으로 접근할 수 있습니다. '이슈 털어주는 남자'로 유명한 시사 평론가 김종배님이 '누가 거짓말을 하고 있는가'에서 강조했던 것처럼 뉴스가 짜놓은 관계를 해체하고 원인과 결과, 원인과 조건, 상수와 변수를 철저하게 분리한 다음 퍼즐을 짜맞추면서 종합적인 판단을 내려야 합니다. 독자들이 현장의 기자들보다 실체적 진실에 더 가깝게 다가가는 일도 가능하게 됩니다. ▦

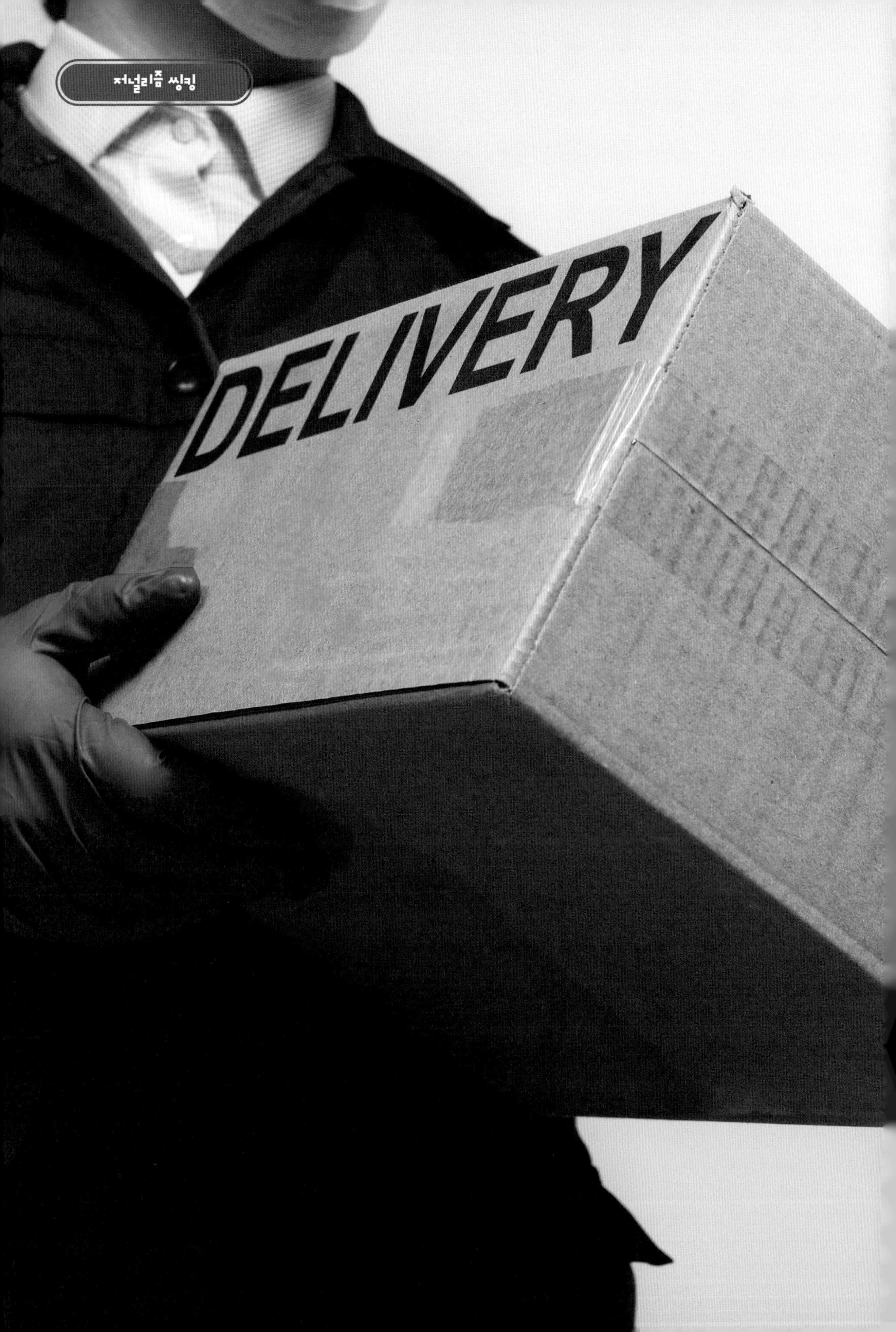
DELIVERY

두 가지 주장,
복잡한 세상을 이해하는 세 번째 관점

글 이정환 미디어오늘 대표

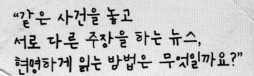

"같은 사건을 놓고
서로 다른 주장을 하는 뉴스,
현명하게 읽는 방법은 무엇일까요?"

택배 기사 과로사 문제,
사실과 의견을 구분해서 읽어 볼까요?

같은 주제를 다루는 두 건의 글이 있습니다. 코로나 바이러스로 외출이 줄어들면서 택배 물량이 늘어났죠. 택배 기사들의 사망 사건도 늘었습니다. 지난달에 숨진 한 택배 기사는 하루 300개의 택배를 배달하느라 새벽 6시에 출근해서 저녁 9~10시까지 일을 해야 했다고 합니다. 두어 시간도 제대로 못 자고 출근해야 했다던 다른 기사 아저씨도 갑작스럽게 쓰러져서 일어나지 못했고요. 계단에서 쓰러져 숨진 분도 있었습니다.

한겨레 황보연 기자는 "정부가 나서서 택배 회사들을 규제해야 한다"고 주장하고 있고요. 중앙일보 전영선 기자는 "문제를 풀 수 있는 방법은 택배비 현실화가 유일하다"고 주장하고 있습니다. 둘 다 글쓴이의 주장을 담고 있는 글입니다.

신문에는 사실과 의견(주장)이 뒤섞여 있는데 이 둘을 구분하기만 해도 좀 더 입체적으로 사건을 이해할 수 있습니다.

기자들은 수습 시절부터 사실과 의견을 분리해야 한다는 교육을 받습니다.

기자는 말 그대로 기록하는 사람이고 현장을 관찰하고 있는 그대로 전달하는 사람입니다. '記者'라는 말이 기록하는 사람이라는 의미죠. 하지만 뭔가를 기록할 때 어느 부분을 강조하고 어느 부분을 생략할 것인지 결정하는 과정에서 이미 기자의 판단이 들어가게 됩니다. 애초에 어떤 현장을 가고 어떤 현장을 무시할 것인지 선택하는 과정에서도 기자의 판단이 작동합니다.

이 두 건의 글은 기자의 의견을 담은 칼럼입니다. 우리는 이 글을 읽고 기자의 생각에 동의할 수도 있고 동의하지 않을 수도 있습니다. 황보연 기자와 전영선 기자의 의견일 뿐이니까요. 모든 글에는 의도가 담겨 있고 우리는 그 의도를 읽어야 합니다.

먼저 한겨레 칼럼에 담긴 사실은 다음과 같습니다.

한겨레

택배 과로사, 규제가 답이다

편집국에서

황보연
사회정책부장

"주무시는데 죄송해요. 저 16번지 (물량을) 안 받으면 안 될까 해서요. (중략) 저 너무 힘들어요."

지난달 8일, 택배기사 김아무개씨가 회사 동료에게 새벽 4시28분에 보낸 카카오톡 메시지다. 전날 아침에 집을 나선 그는 다음날 새벽에야 퇴근하는 길이었다. 하루에 그가 소화해야 했던 배송 물량은 무려 420개. 며칠째 장시간 근무에 시달린 정황도 보였다. 그로부터 나흘 뒤, 김씨는 자택에서 숨진 채 발견됐다.

올해 김씨처럼, 과로사로 추정되는 죽음을 맞은 택배노동자는 모두 14명(협력업체 포함)이다. 지난달에만 6명이 세상을 등졌다. 대부분 건강에 큰 이상이 없는 30~40대였다. 배송을 하다가 쓰러지거나 야근 뒤 새벽 6시에 씻으러 가다가 쓰러진 경우도 있었다. 가족여행을 가기로 한 날 아침에 일어나지 못한 이도 있었다.

올해 택배노동자의 노동강도가 치명적인 수준이 될 수 있다는 것은 충분히 예견 가능한 일이었다. 코로나19 유행의 장기화로 대면 활동이 줄어들면서 배송 물량은 폭증했기 때문이다. 실제로 올해 택배 물량은 지난해보다 20% 이상(고용노동부, 7월 기준) 늘었고, 이로 인해 주당 평균 노동시간이 71.3시간(택배노동자 과로사 대책위원회, 9월)에 달했다. 하지만 그 누구도 대비책을 세우진 않았다. "추석 연휴가 포함된 9~11월은 택배 물량이 많은 시기라 과로사를 막을 대책이 필요하다"는 지난 8월 전국택배연대노조의 호소를 귀담아듣는 이는 많지 않았다. 급기야 '택배 없는 날'(8월14일)이 만들어지기도 했지만 '반짝' 이슈에 그치고 말았다.

특수고용직인 택배기사들은 월급을 받는 것이 아니라, 택배사의 대리점과 업무위탁 계약을 맺고 배송 건당 수수료로 소득을 얻는다. '더 빠른 배송'을 경쟁력으로 삼는 본사, 당일 물량을 100% 소화하지 않으면 계약해지를 거론하는 대리점과의 관계에서 택배기사들은 을의 신분이다. 혼자서는 감당이 어려울 정도로 물량이 몰리더라도, 자칫 일감을 잃을라 스스로 물량을 줄이기 어렵다. 아프거나 사정이 생겼을 때 휴가를 마음 놓고 쓸 수도 없다. 업무 도중 쓰러진 한 택배노동자의 빈소에서 그의 아버지는 '왜 택배가 오지 않느냐'는 고객 문의가 빗발치는 아들의 휴대전화를 손에서 놓지 못했다고 한다.

최근 택배사들이 하나둘씩 대책을 내놓고 있지만 살인적인 장시간 노동을 멈출 수 있을지는 의문이다. 씨제이(CJ)대한통운은 이달부터 분류작업 인력 4천명을 투입한다는 떠들썩한 대책을 발표했지만, 아직 실행에 옮기지 못했다. 인력 투입에 대한 비용 분담 문제가 정리되지 않아서다. 진입장벽이

낮아 구직자가 몰리고 있고 택배노동자들의 협상력이 턱없이 낮은 현재와 같은 구조에선, 겉으로 보기에 그럴듯한 대책들도 일선 현장에서 무용지물이 되기 일쑤다.

이쯤 되면 정부가 나서서 규제를 고민해야 한다. 택배노동자들은 노동자가 아니어서 근로기준법을 적용받지 않는다. 주 5일제도, 주 52시간 초과근무 금지도 비켜나 있다. '물량이 너무 많은 날은 일정 분량을 다음날 이어서 배송하도록 해달라'는 지극히 상식적인 요구가 수용되려면, 이른바 '공짜노동'으로 불리는 분류작업 부담을 덜어주려면, 연속적인 심야노동의 위험에 노출되는 일을 줄여주려면, 지금까지와는 다른 특단의 대책이 필요하다. 기존 법과 제도로 보호할 수 없다면, 더 포괄적으로 일하는 사람들을 위한 규제 방안을 검토해야 한다.

때마침 정부는 지난달 '필수 노동자 안전 및 보호 강화'를 위한 관계부처 태스크포스(TF) 가동에 착수했다. 필수노동자는 코로나19 국면에서도 감염 위험에 노출된 채, 사회 기능 유지를 위해 대면 노동을 멈출 수 없는 이들을 말한다. 택배기사를 비롯한 배달 종사자, 환경미화원, 돌봄노동자 등이 해당된다. 감염병 국면 이전에도 저임금과 더불어, 비공식 노동인 '그림자 노동' 상태가 지속되어온 분야들이다(이승윤 중앙대 교수). 복잡한 문제일수록 대책도 정교해야 한다. 방역물품을 전달하고 표준계약서나 안내하는 수준에 그쳐서는 안 될 일이다.

whynot@hani.co.kr

코로나 바이러스가 유행하면서 택배 물량이 **20% 이상** 늘었다.

택배 노동자들의 노동시간은 **1주일에 평균 71.3시간**이나 됐다.

택배 기사가 물량을 소화하지 못하면 **계약 해지**를 당할 수도 있다.

중앙일보 칼럼에 담긴 사실은 다음과 같습니다.

택배비 2200원에서 택배 기사가 받는 돈은 880원 밖에 안 된다.

택배회사가 남기는 돈도 70원 밖에 안 된다.

택배비는 2000년에는 3500원이었다.

두 신문이 같은 현상을 다루고 있지만 접근 방식이 다르죠. 한겨레는 택배 기사들이 일이 너무 많다는 사실을 강조하고 있고 중앙일보는 택배 기사들이 너무 적게 벌고 있다는 사실을 강조하고 있습니다. 결국 적게 버니까 많이 일해야 하는 거죠.

두 신문의 문제의식은 동전의 앞뒤처럼 맞닿아 있습니다. 택배 한 건에 880원 밖에 벌지 못하기 때문에 하루에 300건이나 배송을 해야 하고 그래서 1주일에 71.3시간, 주말도 없이 하루 10시간 이상 일을 해야 한다는 거죠. (주 6일 일한다면 하루 12시간 꼴입니다.) 한겨레는 결과에 집중했고 중앙일보는 원인에 집중한 것일까요?

두 신문이 내놓은 해법은 또 전혀 다릅니다. 중앙일보의 문제 의식은 우리에게 꼭 필요한 서비스라면 상응하는 정당한 비용을 치러야 한다는 것입니다. 전영선 기자는 5000원까지 낼 수 있겠다고 했군요. 확실히 지금보다 택배비가 두 배쯤 오르면 택배 아저씨들이 좀 더 일을 줄일 수도 있겠군요.

한겨레의 문제 의식은 택배 노동자들의 협상력이 낮다는 것입니다. 택배 한 건에 880원 밖에 안 되는데도 일하겠다는 사람이 많으니 택배회사가 굳이 이걸 올려줄 이유가 없는 것이죠. 택배 회사들끼리도 경쟁이 심해서 가격을 더 낮추려 할 것이고요.

여러분은 어느 기자의 의견이 더 옳다고 생각하세요?

정답은 없습니다. 둘 다 "이것만 하면 된다"는 근본 해법이라고 보기는 어렵습니다. 다음 그림은 택배비 2200원의 비용 구조를 나타낸 것입니다.

한겨레 기자가 주장하는 것처럼 1주일에 52시간 초과 근무를 못하게 한다면 택배 기사들은 소득이 더 줄어들 것입니다. 택배 기사들은 달마다 고정 급여(월급)를 받는 게 아니라 박스 하나를 배송할 때마다 평균 880원을 받기 때문이죠.

중앙일보 기자가 주장하는 것처럼 우리가 택배비를 더 많이 내면 택배 아저씨와 아주머

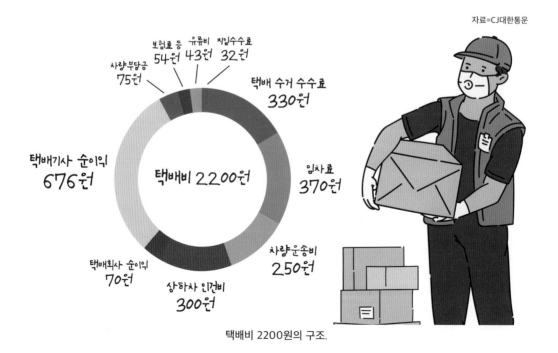

택배비 2200원의 구조.

니들이 갑자기 '칼퇴근'을 하고 저녁 있는 삶을 누리게 될까요?

갑자기 돌아가신 택배 기사가 제발 물량을 줄여달라고 부탁했던 것처럼 조금이라도 더 벌기 위해 1주일에 70시간 이상 일을 하지만 아무리 힘들어도 오늘 배송해야 할 물량을 내일로 넘길 수 없는 구조입니다. 내일은 또 내일 배송해야 할 택배 상자가 넘쳐날 테니까요.

하루 8시간 정도면 모두 배송할 수 있는 물량만 받으면 좋겠지만 그러면 수입이 줄어들게 됩니다. 더 많은 물량을 받고 더 늦게 일하면서 조금이라도 더 벌어야 하는 게 택배 기사들의 현실이고 그러다 보면 죽음에 이를 정도로 일이 많아지게 되는 것이죠. 애초에 낮은 택배비와 낮은 인건비가 맞물려 택배 기사들을 극한의 상황에 내몰고 있는 것입니다.

A 회사가 택배비를 5000원으로 올리겠다고 하면 B 회사가 우리는 지금까지 하던대로 2200원만 받고 배송해 주겠다고 나올 겁니다. 그럼 A 회사는 망하겠죠. A 회사의 택배 기사들은 일자리를 잃을 거고요.

택배비가 3500원에서 2200원까지 떨어진 건 택배 회사들이 경쟁하면서 가격을 낮췄기 때문입니다. 그 가격에도 이익이 나고 그 가격에도 택배 기사를 고용해서 서비스할 수 있기 때문이고요. 결국 이런 낮은 비용은 택배 기사들의 열악한 노동 조건 때문에 가능한 것입니다.

한겨레의 주장을 좀 더 발전시켜 볼까요?

만약 정부가 택배 기사들이 일정 시간 이상 일하지 못하도록 금지한다면 하루에 배송할 수 있는 물량이 줄어들 테니 그동안 기사 한 명이 맡았던 지역을 다른 기사들과 쪼개서 나눠 맡아야 할 것입니다. 당연히 택배 기사들 수입은 줄어들 거고 택배회사들 부담이 커지

겠죠. 만약 요금을 올려서 해결할 수 있으면 좋겠지만 모든 택배 회사들이 한꺼번에 올리지 않으면 쉽지 않을 겁니다.

만약 택배 기사들이 한꺼번에 파업을 선언하고 노동 조건 개선을 요구하는 건 가능할까요?

택배 기사들은 정규직 직원이 아닌 경우가 대부분이고 파업을 하더라도 얼마든지 대체 인력을 동원할 수 있기 때문에 크게 압박이 되지 않을 수도 있습니다. 한 상자에 880원이라도 일하겠다는 사람이 넘쳐나는 상황입니다.

만약 정부가 택배비를 한 상자에 5000원씩 받도록 강제하면 어떻게 될까요?

정부가 인위적으로 가격에 개입하는 것은 여러 가지 부작용을 불러일으킬 수 있습니다. 택배 회사들만 돈을 벌고 노동 조건은 그대로일 수도 있고요. 무엇보다도 택배비가 오르면 확실히 택배 물량이 줄어들 것입니다.

그렇다면 택배 기사들을 모두 정규직으로 채용하고 월급제로 전환하는 건 가능할까요? 일단 지금보다 훨씬 더 많은 택배 기사가 필요하게 될 것입니다. 일부 택배 회사는 정규직 비율이 30%를 웃돌지만 이를 모든 회사에 강제할 수는 없습니다. 법에 따라 2년까지는 비정규직을 쓸 수 있기 때문이죠. 2년이 되기 전에 계약을 종료하면 그만이고요.

우리가 사는 세상의 많은 문제들이 이처럼 뾰족한 해법을 찾기 어려운 경우가 대부분입니다. "택배 쉬는 날" 같은 걸 만들어 봐야 택배 기사들의 수입이 줄어들 뿐이고 다음 날 두 배로 늘어난 택배 물량을 배송해야 하는 건 달라지지 않습니다.

정작 우리는 택배 회사들이 택배 기사들에게 죽음에 이르는 노동 조건을 강요하고 있다는 사실을 간과하고 있습니다. 정부가 직접적으로 시장 가격에 개입하지는 않더라도 최소한의 인간 다운 노동 조건을 확보하도록 압박하고 열심히 일하는 사람들이 계속 죽어 나갈 때 이에 상응하는 책임을 묻는 것만으로도 변화를 만들 수 있을 것입니다.

두 건의 기사에서 확인한 것처럼 같은 사실을 두고 얼마든지 다른 의견과 주장이 있을 수 있습니다. 여러분은 어떻게 읽으셨나요?

기자들이 반드시 읽어야 할 책으로 꼽히는 '저널리즘의 기본 원칙(The elements of Journalism)'이라는 책에 이런 이야기가 있습니다. 기자는 테이블에서 한걸음 떨어져 토론의 전체 모습을 보는 사람이 돼야 한다는 것입니다. 진실을 전하기 위해서는 자신의 관점을 극복하는 훈련이 필요하다는 것이죠.

독자들에게도 다양한 의견을 읽고 비판적으로 접근하면서 나만의 관점을 찾는 훈련이 필요합니다. 기자들처럼 생각해 보고 기자들의 생각을 넘어서야 합니다. 그게 저널리즘 씽킹이죠. 계속해서 다르게 묻고 다르게 생각하는 훈련을 해야 합니다. 그런 생각이 모여서 세상을 바꿀 것입니다. 🔳

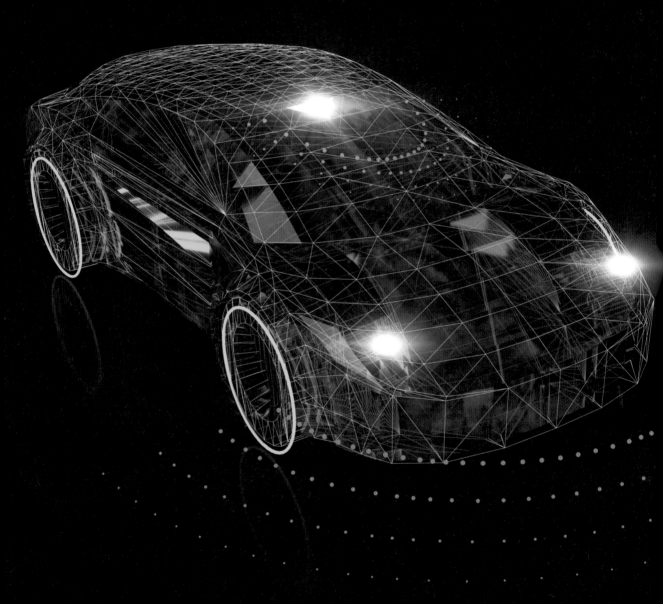

로봇이 운전하는 자동차, 누구를 먼저 살려야 할까요?

글 이정환 미디어오늘 대표

> "사람 대신 인공지능이 운전하는 시대가 다가왔어요. 긴급 상황에서 인공지능에 맡겨도 될까요?"

정답이 없지만 선택을 해야 할 문제, 어떤 인공지능도 완벽할 수는 없어요

이런 상상을 해볼까요? 나는 인공지능을 연구하는 사람이고 자율주행 자동차의 알고리즘(작동 원리)을 설계하고 있습니다.

첫 번째 질문?

기계가 운전하는 자동차가 도로를 달리고 있는데 갑자기 빨간 불에 무단횡단하는 사람을 맞닥뜨렸습니다. 당연히 차의 방향을 틀어야겠죠. 그런데 맞은 편에 도로 차단 벽이 설치돼 있습니다. 핸들을 돌리면 차에 탄 사람이 죽고 그대로 직진하면 길을 가던 사람이 죽

무인자동차는 어떻게 해야 할까요?

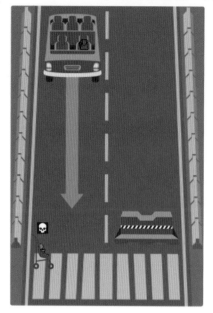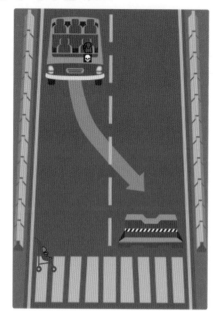

여기서 중요한 것은 어떻게든 선택을 해야 하고 그 선택은 인공지능을 설계한 사람의 판단에 따른다는 것입니다.

차가 '주인'을 먼저 보호해야 한다고 생각할 수 있을 거고요. 그래서 브레이크를 밟되 핸들을 꺾지 않고 직진해야 한다고 생각할 수도 있을 겁니다.

하지만 어떻게 될지 모르니 핸들을 꺾어야 한다고 생각할 수도 있을 겁니다. 정면으로 사람을 치는 것보다 일단 피하고 봐야 한다는 거죠. 그런데 만약 핸들을 꺾었을 때 내가 죽게 된다면? 과연 나는 그런 차를 사고 싶을까요? 누군가를 죽이느니 차라리 내가 죽는 게 낫다고 생각할 수도 있을까요? 상상하고 싶지 않은 상황이지만 어쨌거나 우리는 선택을 해야 합니다.

©moralmachine

무인자동차는 어떻게 해야 할까요?

첫째, 만약 보행자가 한 명이 아니라 여러 명이라면 어떨까요?

둘째, 핸들을 꺾으면 바로 낭떠러지라면 어떨까요?

셋째, 횡단보도에서 어린이와 노인 가운데 둘 중 한 사람을 들이받아야 할 상황이라면 누구를 선택해야 할까요?

개와 사람 중에 누구를 들이받을 거냐고 묻는다면 차라리 명확하겠지만 우리가 일상에서 부딪히는 문제는 이렇게 복잡합니다.

직진을 하면 무단횡단하는 사람 다섯 명을 치게 되고 핸들을 꺾으면 길가에 서 있는 한 사람을 치게 된다면 어떨까요?

어쩌면 자율주행 자동차를 탄 사람은 이런 윤리적 고민에서 자유로울 수도 있습니다. 나는 그냥 차에 타고 있을 뿐이고 책임은 그렇게 알고리즘을 설계한 자동차 회사가 져야 한다고 생각할 수도 있겠죠. 그렇다면 질문을 이렇게 바꿔볼 수도 있습니다.

두 번째 질문?

철도 선로에서 작업을 하고 있는데 고장난 기차가 돌진하고 있습니다. 직진하도록 내버려두면 다섯 명이 죽고 신호기를 작동시켜 기차의 진행 방향을 바꾸면 한 명만 죽게 됩니다. 아무 것도 하지 않을 수도 있고 뭔가를 할 수도 있지만 내가 어떤 선택을 하느냐에 따라 누군가가 죽게 됩니다.

첫 번째 질문이 자동차 회사가 고민할 문제라면 두 번째 질문은 우리의 선택의 문제입니다.

파란색의 남자는 어떻게 해야 할까요?

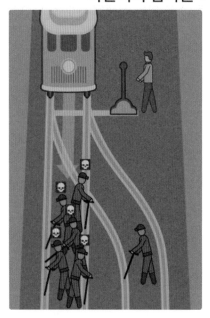
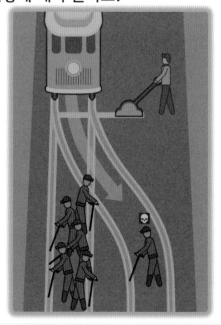

자율주행 자동차의 알고리즘과 선로의 신호기는 본질적으로 같은 문제입니다. 사고를 피할 수는 없고 다만 어떤 사고를 선택할 것인가 결정해야 하는 상황인 것이죠.

브레이크가 고장난 차를 타고 있는데 3명을 칠 것이냐 2명을 칠 것이냐를 선택해야 하는 상황과 비슷해 보이지만 적극적인 선택이냐 소극적인 방관이냐의 차이도 있죠.

매사추세츠공과대학의 미디어 연구소가 진행한 설문 조사에서는 대부분의 사람들이 동물 보다는 사람을, 한 사람 보다는(한 사람을 희생해서라도) 여러 사람을 보호해야 한다고 생각하는 것으로 드러났습니다.

하지만 신호기의 경우처럼 다섯 명이 죽도록 내버려두는 것과 한 명을 죽게 만드는 것은 분명히 다릅니다.

녹색 신호등일 때와 빨간 신호등일 때의 판단도 다를 수 있습니다. 신호를 지키지 않고 무단 횡단을 하는 사람을 살리기 위해 내가 죽을 수도 있는 선택을 해야 할까요?

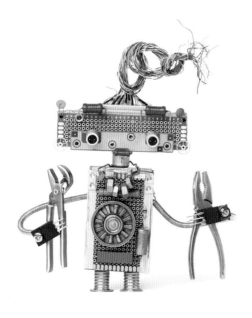
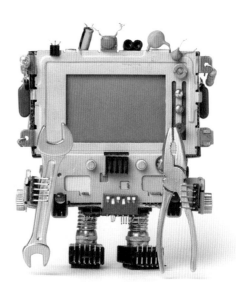

이게 이른바 자율주행 자동차의 도덕성 테스트(moral test)라는 것인데요. 여기에는 몇 가지 비약이 있습니다. 일단 핸들을 꺾으면 내가 죽고 안 꺾으면 지나가던 사람이 죽는다는 가정이 현실적이지 않고요. 확률이 정확히 반반이라고 볼 이유도 없습니다. 보통은 브레이크를 밟아서 급정거하겠죠.

유명한 공상과학 소설가 아이작 아시모프가 만든 로봇공학의 3원칙(Laws of Robotics)이라는 게 있었죠. 1942년에 쓴 소설에 나오는 이야기입니다.

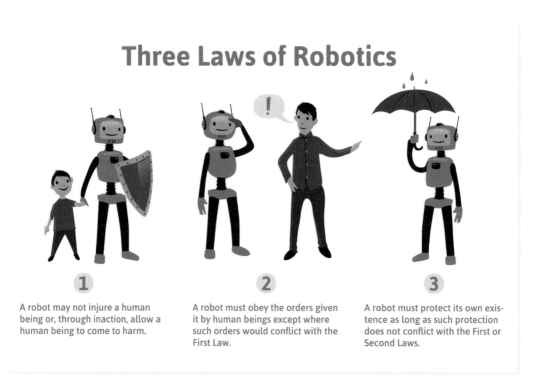

Three Laws of Robotics

1. A robot may not injure a human being or, through inaction, allow a human being to come to harm.

2. A robot must obey the orders given it by human beings except where such orders would conflict with the First Law.

3. A robot must protect its own existence as long as such protection does not conflict with the First or Second Laws.

첫째, 로봇은 인간을 다치게 해서는 안 되고 인간이 위험에 빠지는 걸 방치해서도 안 된다.

둘째, 첫 번째 원칙에 충돌하는 경우를 제외하고 인간의 명령을 따라야 한다.

셋째, 첫 번째와 두 번째 원칙에 충돌하는 경우를 제외하고 스스로를 보호해야 한다.

만약 자동차가 콘크리트 벽을 향해 돌진하고 있다면 무조건 브레이크를 작동시켜야 한다는 것이죠. 사람이 가속 패달을 밟고 있다고 하더라도 이걸 작동하지 않게 만들어야 하고요. 하지만 아시모프의 원칙은 어떤 인간을 다치게 할 것인가에 대한 판단은 담겨 있지 않습니다.

©wikimedia commons

세 번째 질문?

더욱 복잡한 문제를 가정해 볼까요? 횡단보도 앞에 멈춰 있는데 뒤에서 트럭이 멈추지 않고 다가옵니다. 이 속도면 차 뒷 부분이 트럭에 부딪힐 상황이죠. 만약 옆 차선으로 옮긴다면 나는 다치지 않겠지만 트럭이 횡단보도를 건너는 사람들을 쳐서 큰 사고가 날 것입니다. 만약 그대로 멈춰 있다면 내 차가 부서지고 나도 다치겠죠.

이런 건 자율주행 시대에 등장한 새로운 질문입니다. 사람이 운전하는 차라면 그렇게 판단이 빠를 수 없으니 별 수 없이 트럭과 부딪히겠지만 자율주행 자동차라면 재빨리 옆으로 피할 수 있을 것입니다. 하지만 이 경우 내가 다치지 않기 위해 다른 사람들을 더 큰 위협에 빠뜨리는 결과가 될 수도 있겠죠. 차에 탄 사람보다 맨 몸으로 부딪히는 사람이 훨씬 더 크게 다칠 테니까요.

책임은 전적으로 트럭 운전사에게 있지만 나는 더 큰 피해를 막을 수 있는 위치에 있습니다. 옆 차선으로 옮길 경우 나는 아무런 잘못이 없죠. 내가 직접적으로 누군가를 다치게 하는 것도 아니고요. 하지만 알고리즘을 설계하는 입장에서는 분명히 이기적인 선택을 한 것입니다. 그리고 그 선택이 누군가를 위험에 빠뜨리게 됩니다. 만약 여러분이 알고리즘의 설계자라면 어떤 선택을 하게 될까요?

네 번째 질문 ?

헬멧을 쓴 오토바이 운전자와 헬멧을 쓰지 않은 오토바이 운전자 중에 누군가와 부딪혀야 한다면 이왕이면 헬멧을 쓴 운전자와 충돌하는 게 낫겠다고 생각할 수도 있습니다.

하지만 우리가 이런 자동차를 만든다면 헬멧을 쓰고 오토바이를 탔을 때 자동차와 부딪힐 확률이 더 늘어나게 될 수도 있습니다. 이것은 우리가 기대하지 않았던 결과죠. 그리고 공정하지도 않습니다.

여기서 '우리'라는 표현을 쓴 것은 이런 알고리즘이 단순히 자동차 회사의 판단이 아니라 사회적인 합의에 따라야 하고 또 이런 원칙이 투명하게 공개돼야 한다고 보기 때문입니다. 물론 사회적 합의라는 게 너무 추상적이고 애초에 합의가 가능한 문제가 아닐 수도 있습니다.

이런 걸 엣지(edge, 가장자리) 케이스라고 합니다. 경계 조건(boundary condition)이라고도 하고요. 선택하기가 쉽지 않죠. 어느 쪽이든 누군가가 죽거나 다치게 되고요.

자율주행 기술에서 가장 앞서 있다는 평가를 받는 테슬라(Tesla)는 이런 질문에 정확한 답변을 하지 않고 있습니다. 어떤 답변을 하더라도 논란이 될 수밖에 없고 애초에 정답이 있을 수 없는 문제죠.

가능성은 낮지만 이런 극단적인 사건을 가정해 보는 건 문제를 단순화해서 최소한의 원칙을 만들기 위해서입니다. 모두가 만족하지 않을 수 있고 또 윤리적 딜레마를 완전히 해소할 수도 없겠지만 한계를 인정해야 답을 찾을 수 있기 때문입니다.

자동차가 주인의 안전을 위한 선택을 하는 것은 당연합니다. 사고를 피할 수 있다면 피해야 하고요. 하지만 그런 선택이 다른 누군가를 다치게 하거나 내가 다치지 않기 위해 훨씬 더 큰 희생을 대가로 치러야 한다면 고민이 되지 않을 수 없겠죠.

분명한 것은 우리가 이런 복잡한 문제에 대한 선택을 해야 한다는 것입니다. 자동차 회사 직원들이 아니라 우리가 선택과 결단을 해야 할 문제입니다. 우리는 이제 로봇과 함께 살아가야 합니다. 가까운 미래에 사람이 자동차를 운전하는 게 금지되는 때가 올지도 모릅니다. 어쨌거나 사람보다 로봇이 운전을 더 잘하기 때문이죠. 그래서 이건 우리가 어떤 세상을 원하는가, 그리고 어떤 세상을 만들 것인가에 관한 문제이기도 합니다. 어떤 로봇도 (알고리즘도) 완벽할 수는 없고 실수와 한계를 인정하는 데서부터 출발해야겠죠.

흥미로운 주제입니다. 친구들과 함께 이야기해볼까요. 🖳

뉴스를 감염시키는 '코로나19' 나쁜 뉴스들

글 금준경 미디어오늘 기자

> 코로나19 타고 번지는 '나쁜 뉴스'들,
> 잘 거르고 곱씹어 읽는 지혜가 필요해요!

초유의 감염병 확산 국면에서 우리는 그 어느 때보다 뉴스에 귀를 기울였어요. 언론은 뉴스를 통해 우리 눈에 보이지 않는 전염병의 전파 상황을 시시각각 전달해주고, 일상에서 어떻게 대처해야 하는지 등 우리가 알아야 할 정보를 알려줬어요. 그런데 몇몇 뉴스는 잘못된 정보를 전달하고 우리를 혼란스럽게 만들고 있어요. 코로나19 국면에서 나타난 '나쁜 뉴스'를 살펴보면서 어떻게 뉴스를 받아들여야 하는지 함께 고민해봐요.

#1 '사망자 속출' 쏟아내는 뉴스, 코로나만큼 위험해요

백신 불신과 공포 부추기는 뉴스

'코로나 백신 접종 하루만에 부작용 속출' (파이낸스투데이)
'코로나19 백신 접종 첫날, 이상반응 15건.. '두통·발열·구토 등 경증" (서울신문)
'코로나 백신 이상반응 0.5% 수준 .. 전문가들 "일반 백신과 비슷"' (한국일보)

세 가지 기사가 있어요. 이 기사들은 모두 아스트라제네카 백신 접종 초기 상황을 전달하고 있는데요. 같은 사안을 전달한 뉴스라고 보기 힘들 정도로 뉘앙스 차이가 커요.

파이낸스투데이 기사를 읽으면 아스트라제네카 백신에 심각한 문제가 있다는 생각이 들어요. 두 번째 기사는 이상 반응들이 나타난다고 언급하면서도 증상이 심하지 않은 '경증'이라는 정보를 함께 전달하고 있어요. 문제가 있긴 하지만 심각한 수준은 아니라는 생각이 들게 하죠. 마지막 기사는 이상 반응을 '건수'가 아닌 비율로 나타내고, 이 정도 수준은 일반 백신과 다르지 않다는 맥락을 전달하면서 사람들이 안심할 수 있도록 해줍니다.

백신 접종이 시작되면서 많은 사람들이 혹시 부작용이 일어나지 않을까하며 우려하고 있어요. 심지어 백신 접종 후 사망 사고가 나오면서 불안은 더 커지고 있는데요. 이런 뉴스를 어떻게 받아들여야 할까요? 백신에 대한 우려를 전하는 뉴스는 지난해 독감 백신 때부터 본격적으로 나오기 시작했어요. 당시 기사부터 짚어볼게요.

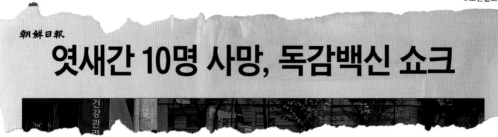

朝鮮日報

엿새간 10명 사망, 독감백신 쇼크

2020년 10월 22일 조선일보 1면 톱기사 제목입니다. 1면 톱기사라는 건 그날 이 신문에서 가장 중요한 기사라는 의미예요. 포털로 치면 메인 화면에 걸린 것과 비슷한 의미죠. 이어지는 2면에선 '고령층 무료접종 이후 사망자 속출했다' 기사가, 3면에는 '정은경 "백신 사망 연관성 없어" 전문가들 "상황 심각, 접종 멈춰야"' 기사가 나왔어요. 종합해서 생각해 보면 나이가 많은 고령층에서 독감 백신을 접종한 사람들이 사망하는 일이 속출해 사회적으로 큰 문제가 된 것처럼 보여요.

그런데 두 달 후 이 신문에 짤막한 기사가 하나 등장해요. '독감 백신 접종 후 사망 108건 모두 백신 무관'이라는 제목인데요. 독감 백신 접종 이후에 108건의 사망 사고가 있었지만 모두 백신과는 상관이 없는 사고였다는 내용이었어요.

어떻게 된 일일까요? 당시 날이 추워지는 상황이었는데요. 나이가 많은 어르신들은 겨울철 건강 상태가 악화되곤 해요. 백신을 맞고 난 이후에 건강이 악화됐다고 해서 백신으로 인해 건강이 악화된 건 아닌데, '백신'과 '건강 악화' 사이에 인과관계가 있는 것처럼 과도한 추정을 했던 것이죠.

결과적으로 언론이 억측을 했는데요. 이 신문사는 독감 백신으로 인한 사고가 이어진다는 기사는 큼지막하게 보도하면서, 그게 사실이 아닌 것으로 드러났을 때는 짧고 간결하게 보도했어요. 이 신문만 보는 사람은 어쩌면 여전히 독감 백신이 문제가 있다고 여길지도 모르겠네요.

이 신문사가 백신에 대해 저렇게 보도할 때, 전문가들은 한국은 백신을 접종하는 비율이 높은 국가인데 저런 보도로 인해서 사람들이 백신을 맞지 않으려 할 수 있다며 걱정했어요. 코로나19 확산이 계속되는 상황에서 코로나19에 독감까지 겹친 환자는 건강에 더욱 치명적일 수 있고요. 코로나19 백신에 대한 우려로 이어질 수도 있었죠. 실제로 외국에선 백신에 대한 음모론이 많이 퍼져서 백신을 접종하지 않는 사람들이 적지 않아 사회적으로 문제가 되고 있어요.

©연합뉴스

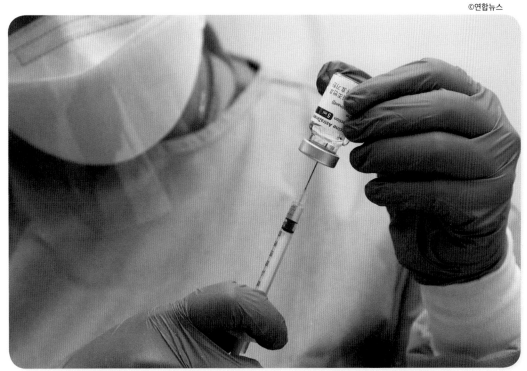

2월26일 오전 경기도 안산시 상록구 사동 안산시립노인전문병원에서 의료진이
신종 코로나바이러스 감염증(코로나19) 아스트라제네카(AZ) 백신 접종 준비작업을 하고 있다.

2월 말부터 한국에서 접종을 시작한 아스트라제네카 백신을 두고도 말들이 많죠. 한국 정부는 아스트라제네카, 얀센, 화이자, 모더나 등과 백신 공급 계약을 맺었는데요. 이 중에서 아스트라제네카라는 제약회사에서 만든 백신이 가장 먼저 도입됐어요. 정부가 이 백신 계약을 한 이후 이 백신에 대한 많은 논란이 이어지고 있어요. 특히 이 백신이 안전하지 않다는 뉴스를 본 적이 있을 거예요.

그렇다면 아스트라제네카 백신은 정말 안전하지 않은 걸까요?

아스트라제네카 백신과 관련한 문제제기들을 모두 가짜뉴스(허위정보)로 볼 수는 없어요. 아스트라제네카에 의문을 제기하는 외신 보도도 적지 않거든요. 그런데 내용을 꼼꼼히 살펴볼 필요가 있어요. 외국 언론은 '백신 자체가 위험하다'고 판단하기보다는 '일부 대상에게서 효과가 나타나지 않을 수 있다'는 점을 지적한 경우가 많아요. 안전하지 않은 것과 효과가 입증되지 않았다는 건 다른 의미죠.

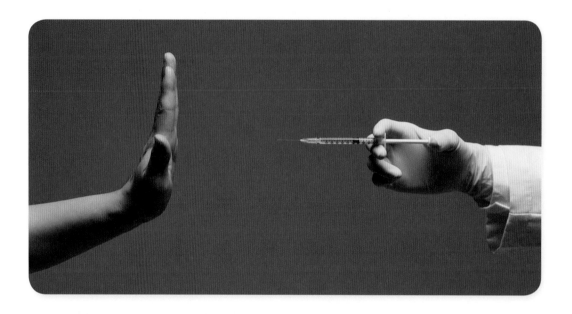

아스트라제네카는 효과가 떨어지는 백신일까요?

초기에는 그랬을 가능성이 제기됐어요. 3상 임상시험 단계에서 아스트라제네카 백신의 평균 면역 효과는 70.4%로 화이자 95.0%, 모더나 94.1%보다 낮았거든요.

그런데 이를 치명적인 단점으로 보기는 힘들다는 반론이 있어요. 통상 계절 독감 백신의 효과가 40~60% 정도라고 해요. 정부도 계절 독감 백신 효과와 비교를 했을 때 뒤떨어지지 않으니 아스트라제네카 백신에 하자는 없다고 봤어요. 아스트라제네카측에선 총 두 차례 맞아야 하는 백신을 1회차에 절반 용량을, 2회차에 전체 용량을 투약하면 예방률이

90.0%로 올랐다는 입장을 내기도 했고요.

현장에서 쓰인 결과는 어떨까요?

스코틀랜드에서 실제 접종 이후 효과를 분석했는데요. 2월15일 기준으로 아스트라제네카 백신을 맞고 나서 5주차에 병원에 입원할 정도의 중증 위험도가 어느 정도로 줄었는지 분석했는데 화이자 백신을 맞은 경우 85% 줄었고, 아스트라제네카 백신은 94% 줄었어요. 오히려 아스트라제네카 백신의 효과가 더 컸다는 얘기죠.

아스트라제네카 백신이 고령층에게 효과가 떨어질 수 있어서 고령층에 접종하지 않는다는 뉴스를 접하기도 했죠?

사실 국가별로 대응 상황이 달라요. 독일은 65세 이상에게는 접종하지 않도록 권고하고 있고요. 캐나다의 경우 18세 이상에 대해 아스트라제네카 접종을 승인했어요. 프랑스에서는 65세 이상 접종을 하지 않다가 이후 접종 대상 연령을 확대했어요. 이 역시 하자가 있다기보다는 고령층 대상 임상시험 데이터가 부족하기 때문인데요. 스코틀랜드 사례를 보면 80세 이상 고령층에서도 입원 위험이 81% 줄어드는 등 효과가 충분히 입증되면서 프랑스처럼 접종 대상 연령을 늘리거나 이를 검토하는 국가가 늘어나고 있어요.

지금도 그렇고 앞으로도 백신에 대한 우려나 이상 반응을 적극적으로 보도하는 언론이 있을 거예요. 이상 반응이 있다고 해서 백신에 하자가 있다고 볼 수는 없어요. 숨이 차고 혈압이 오르는 등 경증의 이상 반응은 모더나 등 다른 백신도 마찬가지였어요. 코로나19 백신 문제가 아니라 어느 전염병이든 백신에는 사람에 따라 부작용이 나타나는 경우가 있고요. 사망 사례도 보고되고 있는데 지난해 독감 백신 논란처럼 인과관계가 증명되지 않은 상황에서 마치 백신에 문제가 있는 것처럼 다뤄선 안 돼요.

이와 관련해서 이재갑 한림대 강남성심병원 감염내과 교수는 페이스북을 통해서 '이상 반응을 보도할 때 네 가지 사항'을 언론에 당부했어요.

이재갑 교수의 당부
1. 선정적인 제목을 달면 안 된다.
2. 인과관계가 확인 될 때까지 유보적 태도의 보도를 해야 한다.
3. 백신 전문가의 의견을 반드시 인용해야 한다.
4. 정치인의 비과학적 언급을 따옴표 처리하여 언급하는 것은 절대 해서는 안 된다.

언론에 당부한 내용인데, 뉴스를 접하는 독자 입장에서도 유용한 내용이에요. 백신에 대한 이상 반응을 보도할 때 이런 요소를 갖추지 못한 기사들을 경계할 필요가 있겠죠.

언론은 문제가 벌어졌을 때 의문을 제기하고 보건당국이 제대로 역할을 하고 있는지 견제하는 역할을 하고 있어요. 정부가 백신 구매에 적극적으로 나서지 않을 때 언론이 이를 문제 제기해서 긍정적인 변화로 이어진 측면도 있어요. 하지만 사실관계가 분명히 확인되지 않은 상황에서 사람들에게 큰 파장을 미칠 수 있는 보도를 할 때는 신중할 필요가 있어요. 문제 제기도 중요하지만 언론도 방역의 주체로서 책임을 갖고 보도하는 모습이 필요하다고 생각해요.

#2 중국 동포는 범죄집단? 미디어가 만든 편견

혐오 부추기고 낙인 찍는 뉴스

여러분은 '조선족'이라고 하면 어떤 이미지가 떠오르나요?

"여기(대림동) 조선족들만 사는데 여권 없는 중국인도 많아서 밤에 칼부림도 자주나요. 경찰도 잘 안 들어와요. 웬만하면 밤에 다니지 마세요."

2017년 개봉한 '청년경찰'이라는 영화에 등장하는 대사랍니다. 이 영화는 조선족이라 불리는 중국 동포들이 많이 거주하는 서울 대림동을 집단 범죄가 벌어지는 장소처럼 그려요.

중국 동포가 등장한 영화와 드라마 중에 기억 남는 작품이 있나요? 그 작품에서 중국 동포는 어떤 역할을 했나요?

생각해보면 영화에 등장한 중국 동포는 대부분 범죄자였던 것 같아요. 하지만 서울 대림동이 다른 지역보다 범죄가 더 많이 일어나거나 중국 동포나 중국인들이 다른 외국인에 비해 더 많은 범죄를 일으키지는 않았어요. 만일 우리가 중국 동포가 범죄를 많이 일으킨다고 생각하고 있다면 영화나 드라마가 우리도 모르는 사이에 영향을 미친 것일 수 있겠죠.

'성급한 일반화의 오류'라는 말이 있죠? 다양한 속성을 가진 사람들에 대해 어느 하나의 부정적인 속성만 놓고 일반화를 하면 안 되는데, 우리도 모르는 사이에 이렇게 판단할 때가 있어요.

코리아타운.

만일 미국에서 영화를 제작했는데 한국인들이 사는 코리아타운을 범죄자 소굴처럼 묘사하면 어떤 기분이 들까요. 기분이 나쁘기도 하지만 문제는 여기에서 그치지 않아요. 사회적으로 힘이 강하지 않고 숫자가 적은 집단에 대해 특정한 편견을 갖게 되면 현실에서 차별로 이어질 소지가 있어요. 왜곡된 인식이 인종 차별로 나타나는 경우가 실제로 있죠. 이런 식으로 **소수자와 약자 집단에 대해 차별을 야기할 수 있는 표현**을 '**혐오 표현**'이라고 불러요.

중국 동포들은 '청년경찰' 영화를 보고 문제를 느껴서 영화 제작사를 상대로 소송을 제기해요. 그 결과 2심 법원에서 영화사에 공식적으로 사과하고 재발 방지를 약속하는 화해

조정 권고를 하면서 마무리됐어요. 영화사는 이렇게 입장을 밝혔어요.

"앞으로 영화를 제작함에 있어 관객들로 하여금 특정 집단에 대한 편견이나 반감을 일으킬 소지가 있는 혐오 표현은 없는지 여부를 충분히 검토할 것을 약속드립니다."

영화사는 사과했지만 많은 중국 동포들은 코로나19 국면에 또 다시 고통을 받게 돼요. 중국과 중국 동포들을 겨냥한 뉴스가 등장했기 때문이에요.

코로나19가 중국 우한 지역에서 시작된 것으로 파악되고 있죠. 그렇다 보니 중국 동포들에 대한 시선이 안 좋아졌는데요. 사람들의 부정적 시선을 이용한 악의적인 뉴스가 많이 등장했어요.

©헤럴드경제

사회일반

[르포] 대림동 차이나타운 가보니…가래침 뱉고, 마스크 미착용 '위생불량 심각'

헤럴드경제는 2020년 1월 '대림동 차이나타운 가보니…가래침 뱉고, 마스크 미착용 '위생불량 심각''이라는 제목의 기사를 썼어요, 영화 '청년경찰'의 배경이 된 대림동 시장을 기자가 직접 방문해 취재를 했는데요. 사람들이 주차장에서 담배를 피우고, 바닥에 침을 뱉고, 노상에 진열된 튀김 앞에서 수다를 떨고, 마스크를 쓰지 않은 모습 등을 문제인 것처럼 묘사했어요. 중국 동포나 중국인들이 비위생적이라는 생각이 들 수밖에 없게 만드는 기사였죠.

그런데 코로나19 확산이 시작되던 2020년 1월 당시를 떠올려보면 어느 동네를 가도 마스크를 제대로 쓰지 않은 사람이 많았어요. 가래침을 뱉는 사람은 한국 전통시장에는 없고 대림동 시장에만 있었을까요?

그리고 이 기사는 "중국인 또는 화교처럼 보이는 사람 중 마스크를 착용하는 비율이 낮았다"는 표현을 쓰기도 해요. 우리가 토론을 할 때는 적절한 근거를 제시하는 게 중요하다고 배우죠. 이 기사는 중국 동포와 중국인들이 비위생적이라고 몰아붙이면서도 마스크를 착용하지 않은 사람이 어느 나라 사람인지조차 확인하지 않았어요.

기자는 직접 확인을 한 내용을 기사로 써야 하는데 자신의 생각만 갖고 이렇게 기사를 쓰는 건 문제가 있어요. 이런 기사를 가리켜 '뇌피셜'이라고 하죠.

기사 하나를 더 살펴볼게요. 2020년 1월 나온 머니투데이의 '[단독]월 7만원 내고 4억 7500만원 치료받은 중국인, 건보급여 어쩌나' 기사입니다. 이 기사는 "중국인에게 지급된 연간 건강보험급여 지출액이 연 5000억원을 넘어선 것으로 확인됐다. 전체 외국인에 대한 연 지출액 중 72%에 달하는 비중"이라고 해요.

©머니투데이

[단독]'중국인 의료비'에 건보료 연 5천억, 우한폐렴 들끓는데…

한국에 거주하는 외국인들은 한국인과 마찬가지로 건강보험에 가입해야 돼요. 건강보험은 돈을 내고 건강에 이상이 생기면 의료 혜택을 받게 해주는 제도를 말하는데요. 기사만 보면 중국인들은 내는 돈에 비해 많은 혜택을 받는 인상을 주죠. 이 기사는 포털 다음 댓글 9200여 개, 네이버 댓글 6800여 개가 달릴 정도로 여파가 컸어요. 중국인이 '먹튀'를 했다며 중국인을 비난하는 댓글이 정말 많았어요.

그런데 이 기사에는 중요한 사실이 제대로 언급되지 않았어요. 우선, 1인당 월 7만 원을 내고 전체 4억7500만 원을 타갔다고 하면 엄청난 '먹튀'를 한 것 같은데 정작 중국인들이 얼마를 냈는지 제대로 언급하지 않은 것이죠.

2019년 지급된 건강보험 급여를 국적별로 살펴볼게요. 중국 5184억 원, 베트남 392억 원, 미국 331억 원, 타이완 140억 원 순으로 중국이 압도적으로 많아 보여요. 하지만 이는 **중국인의 수가 많아서 일어난 착시**라고 할 수 있어요. 이를 1인당 건강보험 급여로 바꾸면 중국 100만 원, 미국 94만 원, 타이완 140만 원이란 결과가 나와요. 중국을 특별하게 문제 삼을 수 없는 것이죠.

무엇보다 지난 5년 동안 외국인 건강보험 재정을 살펴보면 1조1000억 원 가량 흑자를 기록했어요. 외국인들이 낸 돈이 받아간 돈보다 많은데 통계의 특정 부분만 부각해서 사실을 왜곡한 것이죠. 이렇게 통계가 들어간 기사를 볼 때는 보이지 않는 요소들을 따져볼 필요가 있어요.

언론이 쓰는 용어에도 주목할 필요가 있어요. 코로나19 확산 초기에 **'우한 폐렴'**이라는 용어를 고집한 언론이 적지 않았어요. 초창기에는 많은 언론이 '우한 폐렴'이라는 용어를 썼지만 '코로나19'를 공식 명칭으로 지정한 뒤에는 해당 표현을 자제하는 언론이 많았어요.

왜일까요? '우한'이라는 지명을 쓰면 **특정 국가와 지역에 대한 혐오**를 불러일으킬 수 있기 때문이에요. 실제로 세계보건기구(WHO)는 인종 혐오 등을 우려하면서 바이러스 이름에 지역명 사용을 자제하라고 요청하기도 했어요. 그런데 '코로나19'가 공식 명칭이 된 이후에도 몇몇 언론은 '우한 폐렴' '우한 코로나' 등의 표현을 썼어요.

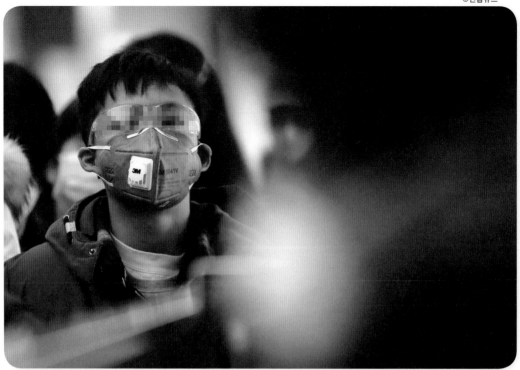

신종 코로나바이러스 감염증 확산이 우려되는 가운데 2020년 1월29일 중국 광저우에서 출발한 항공기 여객들이
인천국제공항 제1터미널을 통해 입국하며 발열 검사 및 검역 질의서를 제출하고 있다.

이런 용어를 계속 고집해온 언론은 공통적으로 정부가 초기에 중국발 입국을 막지 않은
점을 강도 높게 비판했어요. '우한'이라는 용어를 쓰면 중국발 입국을 막지 않은 정부에 대
한 비판적인 시각을 유도할 수 있죠. 정부 대응에 대한 비판은 할 수 있지만 누군가에게 피
해를 유발할 수 있는 표현은 조심할 필요가 있어요. 이처럼 언론이 전하는 용어는 객관적
인 것처럼 보이지만, 의도와 목적이 담길 수 있다는 사실을 염두에 두고 뉴스를 볼 필요가
있답니다.

#3 동선 공개로 '어그로' 끄는 관음증 뉴스들

원래 취지 벗어나 '흥미' 자극하고 방역도 방해하는 뉴스

유튜브 콘텐츠 '워크맨'으로 유명한 기상캐스터 김민아씨는 MBC '라디오스타'에 출연해 이렇게 털어놓은 적이 있어요.

"고열로 코로나19 검사를 받았는데 2주간 내 행적이 공개되겠구나 싶었어요."

만약 내가 확진자라면? 건강이 염려될 뿐 아니라 내 신상과 내가 방문한 장소가 공개된다는 점에서 걱정이 많을 수밖에 없겠죠. 실제로 서울대 보건대학원이 2020년 2월 발표한 설문조사에 따르면 사람들은 자신이 감염되는 것보다 동선 공개로 인해 비난 받는 것을 더 두려워했다고 해요.

> ⚠️ 긴급재난문자   어제 오후 6:03
>
> **안전안내문자**
> [████구청] 코로나 확진자 2명 발생. 상세내용은 ████구
> 카카오알림톡 확인바랍니다. ☞ pf.kakao.com/_██████

안전안내문자. 지방자치단체들은 매일 코로나19 확진자의 동선을 파악해 공개하고 있다.

지방자치단체별로 매일 코로나19 확진자의 동선을 파악해 공개하고 있죠. 확진자가 어디를 다녀갔는지, 누구와 접촉했는지 알아야 바이러스가 어떻게 확산되는지 파악하고 방

역 조치를 취할 수 있어서 이를 공개하고 있어요. 그런데 몇몇 언론은 확진자 동선 공개를 악용해서 '어그로'를 끌었어요.

'20대 강남여성, 자가격리 중에 스벅 스벅 스벅 스벅' (조선일보)
'스타벅스 가려고.. 자가격리 어기고 수차례 외출한 20대女' (세계일보)
'자가격리 통보받은 '서초구 20대女', 스타벅스 등 활보' (국민일보)
'서초구 20대 확진자, 자가격리 어기고 매일 스벅 갔다' (위키트리)

이 기사 제목들을 보면 어떤 생각이 드나요? 코로나19 자가격리 대상자가 자가격리 조치를 어긴 점은 문제라고 할 수 있어요. 하지만 누군가가 **특정 카페에 자주 방문했다는 정보**를 굳이 강조할 필요가 있을까요? 몇몇 언론은 이 확진자가 자가격리 통보를 받기 전에 스타벅스를 방문한 사실까지 엮어서 언급했어요.

제목이 '여성'이라는 점도 굳이 강조할 필요가 없죠. 매일 같이 비싼 커피를 파는 카페에 방문한 여성을 부각하면서 부정적인 뉘앙스를 전하는 듯하니까요. 이 밖에도 인사이트는 '미국에서 돌아와 3일 내내 왕돈까스만 먹었던 서울 관악구 확진자 동선'이라는 기사를 내는 등 확진자 동선을 흥밋거리로 보도하기도 했어요. 이러라고 알려준 확진자 동선이 아닌데 말이죠.

심지어 이보다 더 선을 넘은 동선 공개 뉴스도 있어요. 한 확진자의 동선 공개를 통해 드러난 장소 가운데 동성애자들을 주로 손님으로 받는 술집이 있었어요. 국민일보는 이 확진자의 동선을 구체적으로 언급하면서 동성애자들이 주로 방문하는 곳에 있었다고 강조하는 기사를 썼어요. 방역과는 관련이 없는 정보인데 말이죠. 성소수자들은 사회적인 편견으로 인해 자신의 정체성을 드러내지 못하는 경우가 많은데 언론이 일방적으로 드러낸 것이죠.

이태원 게이클럽서 코로나 감염된 확진자들이 다녀간 강남 '블랙수면방'의 정체

경기도 안양시와 양평군에 거주하는 코로나19 확진자들이 일명 '찜방'을 다녀간 것으로 확인됐다.

이태원 게이클럽서 코로나 감염된 확진자들, 강남 '게이사우나'도 갔다

동성애자들이 자주 찾는 '게이사우나'에서 코로나19 확진자가 발생했다고 강남구청이 밝혔다.

코로나 확진자 발생한 날 이태원 게이클럽의 실제 내부 모습

집단 감염 사태가 발발한 이태원 게이클럽의 내부 영상이 공개됐다.

이태원 게이클럽 관련 확진자 15→19명으로 늘어...2차 감염 시작

이태원 게이클럽 관련 확진자가 19명까지 늘었다.

인사이트의 성소수자 동선 공개 관련 기사들.

그리고 직후에 확진자 동선에 동성애자들이 주로 방문하는 '블랙수면방'(찜방)이 드러나자 문제적 보도는 다시 이어졌어요.

"뚱보 출입금지' '게이전용구'...블랙수면방의 충격적인 실체' (에너지경제)

'블랙수면방 어떤 곳? 남성 동성애자 성행위 외모 따라 입장가능' (충청리뷰)

'찜방 업주 입장은? 방문자 경악하게 했던 이유는 위생' (이투데이)

이런 자극적인 이슈가 불거지자 당시 네이버 '실시간 급상승 검색어'에 관련 키워드가 상단을 차지했어요. 방역 당국의 발표와 더불어 언론의 대대적인 보도가 이어지면서 관심을 키운 것이죠.

이런 무분별한 동선 공개 뉴스는 개인의 프라이버시를 침해하는 문제도 있지만 방역을 방해하는 역효과도 커요. 동선 공개로 확진자가 자기 신상이 드러날 것이 두려워 해당 장소에 방문한 사실을 숨길 수 있기 때문이죠.

문제적 뉴스가 이어지자 코로나19인권대응네트워크라는 단체는 이런 입장을 냈어요,

"보도로 인해 진료를 받는 것이 곧 자신의 정체성을 드러내는 것이 됐고, 낙인과 아우팅 위험은 확진자와 접촉한 이들이 더욱 존재를 드러낼 수 없게 만들었다. 과도한 언론 보도가 코로나19 방역에 문제를 만든 것이다."

얘기가 나온 김에 확진자 동선 공개 자체가 갖는 문제점에 대해서도 고민해보면 좋을 것 같아요. 코로나19 사태 초기만 해도 확진자의 성별, 연령, 거주지, 방문한 식당 이름까지 공개했는데요. 이렇게까지 정보를 공개하는 것이 과도하다는 지적을 받았어요.

성별과 연령이 방역에 필요한 정보일까요? 집 주소까지 자세하게 언급해야 할 필요가 있을까요? 한국 정부의 방역이 선제적이었다는 평가를 받지만, 다른 한편으로는 방역에 상관없는 정보까지 과도하게 공개하면서 프라이버시를 침해하는 문제가 있었어요. 이 문제는 해외에서도 주목했는데요. 영국 일간지 가디언은 2020년 3월 '코로나 바이러스보다 더 무섭다: 한국의 방역 경보가 사생활을 노출시킨다'라는 제목의 기사를 내고 동선 공개가 지나치다고 지적할 정도였답니다.

반인권적인 행정을 견제하는 국가인권위원회 역시 지나친 확진자 사생활 공개 문제를 지적했어요. 그 결과 중앙방역대책본부는 가이드라인을 마련해 새로운 기준을 세웠어요. 접촉자가 있을 때만 방문 장소와 이동 수단을 공개할 수 있도록 하고, 확진자의 거주지 세부 주소나 직장명 등 개인 특정 정보를 공개하지 않는 식으로 개선됐답니다.

#4 마스크 기다리다 사망? '팩트 체크'는 어디 가고

사실 확인 않거나 의도적 외면해 발생한 '오보'들

한 방송사의 뉴스 스튜디오. 미국 하원의원이 총격에 사망했다는 뉴스가 경쟁 채널에서 속보로 뜨는 긴박한 상황. 그런데 생방송 뉴스를 진행 중인 앵커는 좀처럼 이 속보를 내보내지 않습니다. 한 제작진은 스튜디오에 들어와 앵커를 다그칩니다.

"CNN, 폭스 다 그녀가 사망했다고 보도했어. 매 초마다 l천명이 채널을 돌려!"

그러자 앵커는 이렇게 답변해요.

"사망 선고는 의사가 하는 거지. 뉴스가 하는 게 아닙니다."

병원의 정식 발표가 나오지 않았기 때문에 속보를 내보내지 않은 건데요. 결과는 어떻게 됐을까요? 최초에 나온 보도는 사실 관계를 잘못 파악하고 내보낸 '오보'였습니다. 신중했던 앵커가 옳았던 것이죠.

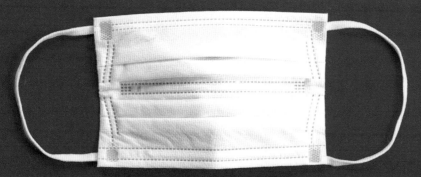

미국 드라마 '뉴스룸'의 한 장면이었는데요. 드라마 속의 이 장면과 비슷한 일이 현실에서 벌어지기도 했어요. 2003년 MBC가 갑자기 속보를 내보냅니다. 앵커는 'MS 회장 빌게이츠 피살'이라는 큼지막한 자막과 함께 빌 게이츠가 피살당했다고 보도합니다. 이어 다른 언론사들이 이 소식을 일제히 전했어요.

©MBC

MBC의 '빌 게이츠 피살' 오보.

지금도 멀쩡히 살아있는 빌 게이츠 회장이 죽었다니. 이 뉴스는 어떻게 나오게 된 걸까요? 당시 MBC는 'CNN닷컴'이란 문구가 찍힌 팩스를 받고 그 내용을 뉴스로 내보냈어요. 그런데 이 CNN닷컴은 진짜 CNN이 아니라 누군가가 조작해서 만든 허위정보였어요. 제대로 확인하지 않고 보도하다보니 사실과 다른 보도를 내게 됐답니다.

코로나19 상황에서도 이런 오보가 나왔어요. YTN은 마스크 구입을 위해 줄을 선 노인이 갑자기 쓰러진 뒤 병원으로 옮겨졌지만 숨진 것으로 확인됐다고 보도한 적이 있어요. 이번에도 YTN이 보도하자 다른 언론사들이 이 소식을 전했죠. 하지만 이 뉴스 역시 오보였어요.

왜 이런 보도가 나온 걸까요? 기자가 일부러 거짓말을 한 건 아니었다고 해요. 기자는 현장에서 환자가 심장이 멈춘 상태를 뜻하는 '심정지'라는 말을 듣고, 사망했다고 생각해 기사를 썼어요. 그런데 알고 보니 이후 응급조치를 통해 회복됐던 것이죠.

©YTN

2020년 3월13일 YTN 보도.

비슷한 오보는 또 있었어요. 여러 언론은 한 의료진이 코로나19로 사망했다고 대대적으로 보도하기도 했는데요. 알고 보니 당시 응급 상황이 벌어지긴 했지만 숨지지는 않은 상황인데 언론이 잘못 보도했던 것이죠. 다음 날 이 의료진이 끝내 사망하긴 했지만, 그렇다고 당시의 보도가 옳았다는 건 아니죠.

언론은 사실을 정확하게 전달해야 하는데요. 종종 뉴스를 빨리 내보내려다보니 사실을 충분히 파악하지 못해 사실과 다른 '오보'를 내곤 해요.

왜 그럴까요? 그 이유는 '속보 전쟁' 때문인데요. 남들보다 더 빨리 보도해야 높은 시청률과 높은 조회수를 얻을 수 있어요. 그렇기 때문에 제대로 확인하지 않은 채 오보를 내고 다른 언론사들은 받아쓰는 문제가 끊이지 않고 있는 것이죠.

그래도 사람의 목숨이 달린 문제인데, 몇몇 언론은 너무 성급했죠? 언론 보도는 빠른 속도 못지않게 정확한 내용을 전달하는 것이 중요하다는 사실. 그리고 언론도 틀릴 수 있다는 사실을 염두에 두면 좋겠어요.

이 외에도 코로나19 국면에서는 오보가 정말 많았는데요. 이렇게 급박한 상황까지는 아니더라도 사실을 꼼꼼히 살펴보지 못해 오보를 내는 일은 여러 번 벌어졌어요.

2020년 1월 TV조선은 정부의 감염병 대응 예산이 2019년 252억 원에서 2020년 162억 원으로 삭감됐다고 보도했어요. 정부는 매년 다음 해 예산을 미리 짜는데요. 2020년 예산이면 코로나19가 확산되기 전인 2019년에 짰으니 크게 문제라고 볼 수는 없겠지만, 그래도 이 정도 규모로 예산을 줄인 조치는 문제가 있어 보이네요. 그래서 TV조선은 "방역 대응이 근시안적"이라고 비판했어요. '근시안'이라는 건 멀리 내다보지 못했다는 의미예요.

©TV조선

2020년 1월31일 TV조선 보도.

그런데 이 뉴스 내용은 사실과 달랐어요. 예산을 짤 때 처음에 세웠던 계획 뿐 아니라 이후에 추가로 편성한 예산이 더 있었는데 TV조선은 이를 파악하지 못했어요. 추가로 편성한 예산까지 더하면 2020년 감염병 예산은 417억 원으로 줄어들긴커녕 오히려 크게 늘었어요. 예산이 늘었는데 제대로 취재를 하지 못해서 사실과 정반대의 뉴스가 나간 것이죠. 방송사를 심의하는 방송통신심의위원회는 해당 보도가 명백히 사실관계를 틀렸다며 징계를 결정했어요.

TV조선은 이 제재가 부당하다고 주장하며 소송을 제기해요. TV조선은 재판부에 이런 취지로 입장을 냈어요.

"취재를 하는 기간에 한계가 있다 보니 나중에 편성된 예산까지는 살펴보지 못했습니다. 이런 보도를 제재하는 건 우리에게 과중한 취재 의무를 요구하는 것입니다."

하지만 1심 재판부는 이 주장을 인정하지 않았어요. 재판부는 이렇게 판결했어요.

"보도하기 전 예산을 파악하는 데 특별한 장애가 있었다고 보이지 않고, 그 내용을 확인하는 것이 과중한 취재 의무라 보기 어렵습니다."

급박하게 취재하다 보니 꼼꼼하게 살펴보지 못했다는 주장을 법원은 받아들이지 않았어요. 기자가 사실을 확인해서 보도하는 건 기본이지 과중한 의무를 부과하는 것이라고 볼 수는 없기 때문이죠.

©조선일보

코로나 난리통에… 조합원 교육한다고 딸기밭에 간 서울대병원 노조

이번에는 조선일보가 쓴 기사도 한번 살펴볼게요. 이 신문은 노동자들을 대변하는 조직인 민주노총에 대한 황당한 오보를 냈어요. 2020년 3월 이 신문은 '코로나 난리통에…조합원 교육한다고 딸기밭에 간 서울대병원 노조'라는 제목의 기사를 썼어요. "민주노총 산하인 서울대병원 노조가 우한 코로나 사태 와중에 노조 교육이라며 단체 휴가를 내고 딸기 따기 체험을 가 논란"이라는 내용을 담고 있어요.

이 뉴스를 보고선 '세상에, 코로나19 시국에 단체 체험활동이라니'라며 혀를 끌끌 차는 사람이 적지 않았을 거 같아요. 하지만 이 보도 역시 오보였어요. 이 노조는 코로나19 확산이 되면서 '딸기밭 체험'을 취소했거든요.

이 기사를 쓴 기자는 회사에서 공지된 일정표와 몇몇 조합원이 휴가를 신청한 내역만 보고선 당연히 체험을 갔을 거라고 생각하고 당사자에게 확인도 하지 않은 채 기사를 썼어요. 이 신문은 평소에도 민주노총을 비판해오며 적대적인 입장을 갖고 있었어요.

언론은 누군가가 잘못한 일이 있으면 따끔하게 비판하는 역할을 하고 있어요. 하지만 종종 비판을 하는 과정에서 사실을 꼼꼼히 취재하지 않고 잘못된 보도를 내보내곤 해요. 코로나19 감염병 예산과 딸기밭 체험 기사는 당사자에게 확실하게 물어보기만 했다면 이런 오보를 내지 않을 수 있었겠죠.

우리가 뉴스를 보고선 그 내용이 사실인지 아닌지 확인하기는 쉽지 않아요. 그래도 이런 오보들의 공통점을 통해서 몇가지 사실을 알 수 있어요. 속도만 중시하는 기사는 정확하지 않을 수 있고요. 그리고 당사자의 입장이 반영되지 않은 기사는 신중하게 볼 필요가 있어요. 🖵

"1인당 얼마" 기사를 특별히 조심하세요

글 이상민 나라살림연구소 수석연구위원

"숫자가 들어간 '통계'는
정확해보이지만
언제나 함정이 있답니다"

평균의 함정, 1인당 평균 세수는 아예 분모와 분자가 달라요

세계 최고 부자로 꼽히는 빌 게이츠가 버스에 타면 어떤 일이 벌어질까요? 빌 게이츠의 재산이 지난해 기준으로 128조 3700억 원이니까 버스 안에 있는 사람들 평균 자산이 크게 늘어나게 됩니다. 버스에 30명이 타고 있다면 1인당 평균 재산이 4조 원을 넘어설 것입니다. 빌 게이츠가 버스에서 내리면? 다시 원래대로 돌아가겠죠.

21대 국회의원 300명의 1인당 재산은 22억 원입니다. 20대에서는 42억 원이었고요. 19대 국회의원 1인당 재산은 무려 96억 원이었습니다. 갑자기 20대와 21대 들어서 국회의원들이 더 검소해진 것일까요?

96억 원

19대

42억 원

20대

2.2억 원

21대

19대와 20대, 21대 국회의원 평균 재산.

물론 그렇지 않습니다. 정답은 "정몽준 현대중공업그룹 회장이 21대에는 입성하지 않았다"는 것입니다. 정몽준 전 의원의 재산은 한때 2조 원에 육박했습니다. 2조 원을 300명으로 나누면 67억 원이죠. 20대 국회에서는 정 회장이 빠졌지만 김병관 전 의원 재산이 4435억 원이나 됐습니다. 21대 들어서는 갑부들이 대거 빠졌죠.

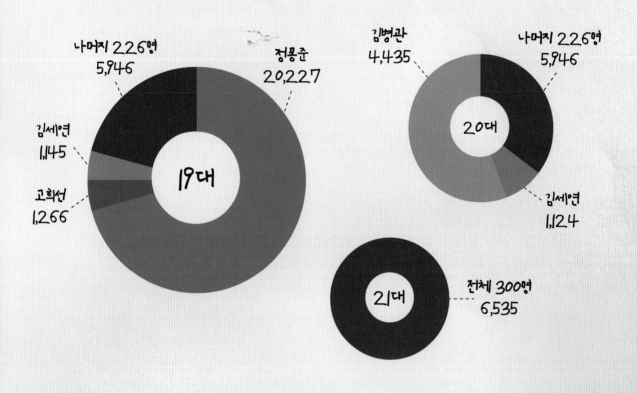

19대와 20대, 21대 국회의원의 재산 분포.

정몽준 회장이 국회의원이 되는 순간 국회의원들 재산이 평균 67억 원이 늘어난 것입니다. 그래서 국회의원 재산이 평균 96억 원이란 숫자 자체엔 특별히 정보적 가치가 없습니다. 이런 걸 평균의 함정이라고 하죠. 아래 그림을 보면 실제로 정몽준, 김병관, 김세연 전

의원을 빼고 보면 재산 변동 폭이 크지 않습니다.

정몽준, 김병관, 김세연 전 의원 등을 빼고 집계한 평균 재산.

기자들은 습관적으로 1인당 숫자를 산출하려는 유혹을 느끼는 것 같습니다. 1인당 얼마, 이렇게 말해야 쉽게 짐작할 수 있기 때문이죠. 다음 그림처럼 보면 이해가 더 쉽겠죠. 통계의 함정을 경계해야 합니다.

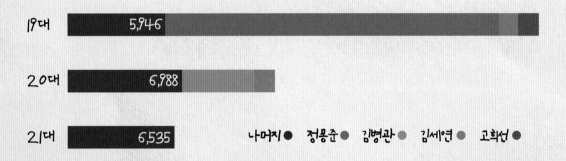

올해 한국 정부가 거둬들일 세금이 283조 원입니다. 국가채무는 956조 원이고요. 이렇게 말하면 이게 어느 정도 되는지 가늠이 잘 안 되시죠? 이렇게 던져 놓으면 독자들은 "그래서 어쩌라고"하는 생각이 들 것입니다. 그래서 이런 숫자를 설명하면서 빠지기 쉬운 유혹이 1인당 평균을 산출해 보는 것입니다. 5000만 명 인구로 나눠 보면 얼마, 이런 숫자가 나오는 것이죠.

해마다 올해 세금 수입 예산을 발표할 때마다 나오는 기사가 있습니다. 1인당 세금 부담이 얼마, 이런 기사죠. 어떤 기사에서는 1인당 세금 부담을 "국민 한 사람당 짊어지는 세금 부담"이라고 쓰기도 합니다. 하지만 이건 잘못된 통계입니다.

일단 한 나라의 세금 수입은 그 나라 국민만 내는 것이 아닙니다. 법인이 내는 법인세도 지난해 기준으로 53조 원이 넘습니다. 한국 국민이 외국에서 세금을 내기도 하고 외국인이나 외국 기업들이 한국에서 세금을 내기도 합니다. 그러니까 분자는 한국 국민+외국인+법인인데 분모는 한국 국민들이죠. 논리적으로 맞지 않습니다.

빌 게이츠가 버스에 타는 것같은 통계의 오류도 발생합니다. 정몽준 회장이 국회의원 평균 재산을 올려놓은 것처럼 말이죠.

잘 모르는 분들도 많지만 한국의 근로소득자 가운데 40% 정도는 소득세를 한 푼도 내지 않습니다. 종합소득세 상위 1%가 전체 종합소득세액의 50%를 넘게 내고요. 이런 상황에서 1인당 평균 세수가 무슨 의미가 있을까요? 세수는 정부의 세금 수입을 줄인 말인데, 국민들이 내는 세금과는 개념과 범주가 다릅니다.

빌 게이츠나 정몽준 회장이 평균을 부풀리는 착시효과를 만든다면 1인당 세수는 애초에 잘못된 통계라고 할 수 있습니다.

1인당 국가 채무라는 개념은 더 이상합니다. 많은 기사가 국가채무 728조 원을 국민 수로 나눠 1인당 채무액을 산정하는데요. 국가가 채무자라면 채권자는 누굴까요? 국채를 구매한 국민이죠. 한국의 국채 채권자의 85%는 한국 국민입니다. 채권자를 포함한 한국 국민 수로 채무액을 나누는 것이 도대체 무슨 의미가 있을까요?

아빠가 엄마에게 돈을 빌렸는데 우리 가족의 채무가 늘어나는 것만큼이나 이상한 개념입니다.

아기 1명당 1억6000만원 쏟아붓고도 작년 저출산 못 막아

오늘 특히 말하고 싶은 기사는 "아기 1명당 1억6000만 원 쏟아부었다"는 저출산 예산 관련 기사입니다. "지난해 저출산 대책으로 45조 원의 예산을 쏟아 부었는데, 이를 작년 출생아 수(28만 명)로 나눠보면 신생아 한 명당 1억6000만 원 예산이 들어간 셈"이라고 하는데요.

이 기사는 잘못된 기사입니다. 저출산고령화위원회가 집계한 45조 원의 저출산 예산은 저출산을 막고자 추가로 쏟아부은 예산만을 의미하는 것이 아니고 저출산 관련 예산을 중복 집계한 결과입니다. 저출산만을 위해 지출하는 '저출산대응 및 인구정책지원' 프로그램에 속한 사업의 합계는 지난해 기준으로 2.4조 원 밖에 되지 않습니다. 이 가운데 아동수당이 2.3조 원, 모자보건사업이 330억 원 정도고요.

저출산고령화위원회는 왜 이런 간접 예산을 저출산 관련 예산에 중복집계해 놓았을까요? 부정적으로 생각하면 "우리가 이렇게 좋은 일을 많이 하고 있다"고 예산을 뻥튀기하는 것이죠. 하지만 저출생 문제는 여성인권, 아동인권 등 사회 인식의 근본적 변화 없이 해결할 수 없습니다. 간접적인 예산도 포함시킬 수도 있죠. 어쨌거나 1인당 1억6000만 원이라는 보도는 액면 그대로 받아들여서는 안 됩니다.

"1인당 얼마"라는 제목이 달린 기사는 조심해야 합니다. 그렇게 많이 쓴단 말이야? 아니면 그거밖에 안 된단 말이야? 섣불리 판단하기 보다는 내용을 읽고 그 의미를 짚어야겠죠. 🖼

이상민 나라살림연구소 수석연구위원

이상민 나라살림연구소 수석연구위원은 나라살림연구소에서 국가 재정과 복지,
공공부문 등에 대한 연구를 하고 있습니다. 주니어 미디어오늘에 통계적 착시 현상과
경제 기사 바로 보기에 대한 이야기를 연재할 계획입니다.

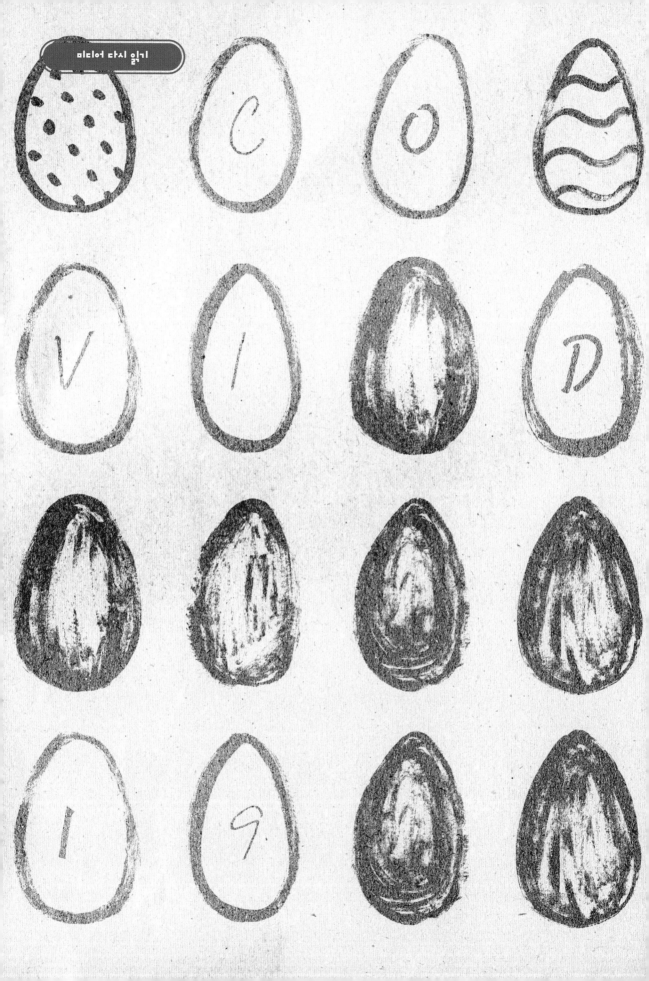

사연 없는 뉴스는 없어요,
'코로나 장발장'이 던진 질문

글 박서연 미디어오늘 기자

> 달걀 한 판을 훔친
> '코로나 장발장'에게 징역형을 내린
> 판결에 비난이 쏟아졌는데…

구운 달걀 18개 훔쳐서 징역 1년

JTBC는 지난해 7월부터 '코로나 장발장'에 대한 보도를 시작했습니다. 고시원에서 구운 달걀을 훔쳐 달아난 40대 이씨에게 검찰이 징역 1년6개월을 구형했죠.

여론이 들끓었습니다. "음주운전으로 사망사고 내도 집행유예, 별장 성접대도 무죄라더니. 계란 몇 개 훔쳤다고 실형을 때리나." "흉악범들은 잘만 풀어주면서 돈 없고 힘없는 사람은 1년6개월이냐." 그 무렵 JTBC 보도에 달린 댓글입니다.

이씨는 결국 재판에서 징역 1년을 선고 받았습니다. 돈이 있으면 무죄, 돈이 없으면 유죄, 유전무죄라고 하죠. 5000원 남짓 하는 달걀 18개가 과연 징역 1년에 이르는 무거운 범죄일까요?

'특정범죄가중처벌 등에 관한 법률'(특가법)은 상습적으로 절도를 하다가 붙잡히면 절도의 규모와 관계 없이 징역형을 선고하도록 규정하고 있습니다. 알고 봤더니 이씨는 상습절도범이었죠. 그래서 징역을 피할 수 없었고요. 하지만 문제는 그렇게 단순하지 않았습니다.

JTBC는 이 사건을 지나치지 않았습니다. 법에 허점은 없는지 정말 에피소드에 불과한 사건인지 JTBC 기자들은 팀을 꾸려 파고 들었습니다. 전국의 사건 사고를 뒤져 대구와 울산의 '코로나 장발장'을 찾아냈죠.

주니어미디어오늘은 이 사건의 취재 경위와 과정이 궁금해서 JTBC 보도국 봉지욱 기자와 김도훈 기자를 인터뷰했습니다.

단순한 사건 기사였죠. 그런데 반년 가까이 계속 기사를 내보냈습니다. 왜 이 사건을 이렇게 오래 다뤘나요?

"'이게 정말 기사가 될까?' 처음 들었던 생각입니다. 누가 봐도 뻔한 좀도둑 이야기였죠. 경찰서를 돌며 취재하는 수습기자가 1진 선배에게 보고했다면 꾸중을 들을 만한 작은 사건입니다. 하지만 우리 팀은 이 주제로 몇 차례 회의를 계속했습니다. 일단 이 사건에 대한 제보자가 믿을 만한 사람이었고요. 제보자를 밝힐 수 없지만 내막을 깊숙이 아는 사람이었습니다. 사건의 표면이 아닌 내면을 봐 달라고 말했습니다."

사건의 내면이 어땠나요?

"구운 달걀 18개를 훔쳤는데 징역 18개월. 뭔가 이상했죠. 이씨는 반복된 절도로 감옥을 집 드나들 듯했던 전과 9범이었습니다. 총 12년8개월 징역형을 살았습니다. 그런데 절도 금액이 너무 작았어요. 손수레와 구리전선, 동파이프 등을 훔치고 2년, 3년씩 감옥에 간

거죠. 그가 일을 안 한 것도 아니었습니다. 택배기사, 일용직 건설현장 아르바이트 등을 했지만, 번번이 범죄의 굴레로 빠져들었어요. 문제는 법이 '범죄의 쳇바퀴'였다는 겁니다. '특가법이 대체 무엇이길래 빠져나오지 못한 거지?' 의문이 생겼어요."

첫 보도에 달린 댓글을 보면 경찰에 이씨를 신고한 고시원 주인이 비판을 받았죠. 댓글들을 다 읽어봤나요?

"첫 보도 이후 포털에 1만여 개 댓글이 달렸어요. 댓글들을 살펴보니 유전무죄라는 비판이 많았죠. 법 앞에 공평하지 못한 현실을 오롯이 상징한 사건이 됐고요. 고시원 주인에겐 미안한 마음이 컸습니다. 보도 이후 상당히 시달리셨다고 합니다. 하지만 고시원 입주자들이 서로를 의심하니 주인도 어쩔 수 없이 신고했다고 합니다. 고시원 주인이 처벌을 원치 않아도 절도는 반의사 불벌죄가 아니라서 처벌할 수밖에 없었고요."

이씨의 범행 현장이나 그와 관련된 사람들을 취재해봤나요?

"그가 살았던 수원 고시원과 경찰서, 주민센터 등을 찾아갔어요. 고시원 주변을 취재했더니 그를 기억하는 사람들을 만날 수 있었습니다. 월세 30만 원 한 평짜리 고시원 방에 남은 건 양말 세 켤레와 낡고 구멍 난 운동복뿐이었어요. 오랜 굶주림으로 생존의 위기를 겪었던 상황이 머릿속에 그려졌죠. 이 사건을 수사한 형사도 인터뷰에 응했습니다. 담당 형사는 그를 기억했어요. 수사 중 이씨에게 뭘 먹고 싶으냐고 물어봤더니 이씨가 '짬뽕'이라고 했다고 합니다. 정말 며칠을 굶었던 사람처럼 허겁지겁 먹는 그의 모습이 아직도 눈에 선하다고 말이죠."

©JTBC

지난해 7월2일자 JTBC 리포트 내용, 이씨가 18개의 구운 '달걀을 훔치고 징역 18개월을 받은 이유는 그동안 생계형 절도를 해온 전력이 있었기 때문이다.

이씨는 왜 돈이 없었을까요?

"이씨는 2020년 3월까지 딱 세 번, 일용직 일감을 구할 수 있었습니다. 코로나19로 일감이 없어졌기 때문이죠. 번 돈은 총 36만 원. 무료 급식소마저 문을 닫았고 3월 중순부턴 번번이 굶었다고 합니다. 검거 당시 그의 전 재산은 330원이었어요. 코로나19 상황도 큰 문제지만 교통사고로 보행마저 불편한 상태였고요. 무보험 차량에 치어 보상금도 못 받고 장애 등급 제도도 몰랐더라고요. 왜소한 체격에 보행 장애까지 있는 그에게 건설현장 청소 일감조차 쉽게 주어지지 않았습니다. 어느날 '보이스피싱' 범죄 조직 스팸 문자가 날아왔고, 통장을 넘기면 돈을 준다는 이야기에 범죄 조직에 연루되기도 했고요. 범죄의 쳇바퀴가 계속 굴러가고 있었던 거죠."

결국 지난 10월 법원이 징역 1년을 선고했네요.

"재판부가 선고를 미루고 판결 전 이씨에 대한 조사와 양형조사를 직권으로 실시했습니다. 이씨가 살아온 성장배경, 범행 당시 상황 등을 종합적으로 다시 판단했고요. 재판부는 1심 선고에서 '조사 결과, 이씨가 불우한 환경에서 어렵게 살아온 점이 드러났다'고 했습니다. 코로나19 상황에 극심한 곤궁에 처했던 점도 인정됐어요. 판사는 현행 특가법상 절도 누범에겐 벌금도 집행유예도 없다는 점을 거듭 강조했습니다. 판사 재량으로 가장 낮게 줄 수 있는 형량이 징역 1년이었죠. 법을 바꾸지 않으면 판사도 어쩔 수 없다는 메시지를 담으려 했던 것 같습니다."

©JTBC

과거 범죄 경력
26년간 절도 9번, 징역 12년 8개월

9번 걸쳐 700여 만원어치 훔치고 13년 옥살이

훔친 물건
손수레 1만500원
동파이프 7만7000원
구리전선 30만원
중고 냉장고 등 고물 185만원

지난해 11월11일, 10월8일 JTBC 보도 내용, 대구와 울산에도 코로나 장발장이 있었지만 대구지방검찰청은 A씨를 재판에 넘기지 않기로 했고, 울산지법은 B씨에 대해 선고유예를 결정했다. 수원 코로나 장발장과는 대비되는 결과다.

'코로나19 장발장'은 어디에나 있죠.

"이 사건이 기획 보도가 되려면 상황의 특수성만 있어선 안 된다고 판단했습니다. 특가법 문제를 지적했는데, 단 하나 사례에 국한할 수 없었죠. 그래서 전국의 사건 사고를 뒤졌습니다. 대구와 울산에서 또 다른 장발장을 찾았는데 특이한 점이 발견됐어요. 대구의 A씨는 생선을, 울산의 B씨는 아이스크림을 훔쳤습니다. 대구에서는 검찰이 A씨를 재판에 넘기지 않기로 했어요. 특가법 적용이 검사 재량에 따라 움직이는 문제도 발견됐습니다. 수원 장발장과 확연히 다른 결말이었죠. 울산의 B씨 사건은 판사가 직접 나섰습니다. 판사가 선고를 유예했고 헌법재판소에 위헌 여부를 가려달라고 청구했습니다. 생존형이나 생계형 범죄까지 벌금이나 집행유예가 없는 징역형만을 규정하는 건 문제가 있다고 봤던 거죠."

범죄를 저지른 사람들 모두 자신들이
기초생활수급 대상자인지 몰랐다는 사실이 드러났어요.
제도에 허점이 있는 게 아닌가요?

"그렇죠. 40대 이씨는 기초생활수급자 대상이었지만 그런 제도가 있는지조차 몰랐습니다. 취재를 해보니 이유가 있었어요. 현재 사회복지망 시스템이 그렇습니다. 이씨는 돈이 없어 고시원을 전전했기 때문에 주거가 불안정했어요. 국민연금이나 건강보험 납부 사실, 전기나 수도·연체 사실도 없었죠. 교도소에서도 이런 사회복지 제도를 설명해주지 않으니까요. '찾아가는 복지'를 하기엔 지자체에 사회복지사 수가 너무 적고요. 이런 의문들을 연속 기획보도에 담아냈습니다."

위헌제청이 받아들여질까요?

"울산과 의정부에서 두 명의 판사가 위헌제청을 했습니다. 헌법재판소에 문의하니, 현직 판사들이 특가법을 문제 삼은 건 이번이 처음이었다고 합니다. 우리가 이 문제를 넉 달 동안 보도했는데, 그 사이 벌어진 일이에요. 징역 1년을 선고받은 이씨도 항소했고요. 국선 변호인이 헌재 판단을 기다려 보자고 한 것 같습니다. 2심 재판부는 지난 17일 위헌 여부가 나올 때까지 재판을 멈추겠다고 했습니다. 작디작은 '코로나 장발장' 이야기가 법 제도까지 바꾸는 큰 결과로 이어졌으면 좋겠습니다."

우리 주변의 수많은 '코로나 장발장'들

JTBC 보도와 JTBC 기자들의 인터뷰를 읽고도 풀리지 않는 의문이 있을 거예요.

첫째, 생계형 범죄를 징역형에 처하지 않는다면 그걸로 수많은 장발장들의 문제가 해결될까요? 절도를 하고 싶어서 하는 건 아니겠지만 처벌은 오히려 부차적인 문제일 수도 있죠. 과도한 처벌을 바로 잡아야 하고요. 동시에 계속해서 범죄에 빠져드는 악순환을 끊어야 할 것입니다.

둘째, 여전히 기초생활 보장제도의 구멍이 많습니다. 이씨는 자신이 수급자가 될 수 있다는 사실조차 모르고 있었고요. 인천에서 빵과 우유를 훔치다 붙잡힌 또 다른 '장발장'은 기초생활수급자였지만 생계를 유지하기에 턱없이 부족한 수준이었다고 하죠.

구조를 보면 문제의 본질에 다가갈 수 있습니다. 달걀 18개는 사건이지만 달걀을 훔칠 수밖에 없었던 배경이 있고 감옥과 실직, 범죄의 사이클을 벗어나지 못하는 구조적 요인이 있었습니다. 문제를 해결하기 위해서는 사건의 이면을 보고, 현상의 구조를 파고드는 접근이 중요합니다.

1. 생계형 범죄는 가중 처벌을 하지 않아도 될까요?
2. 범죄를 저지르지 않아도 먹고 살 수 있도록 최저 생계 보장을 해야 할까요?

김씨의 경우는 둘 다 해답이 될 수 없습니다. "누범은 무조건 징역"이란 게 답이 될 수는 없지만 애초에 양형의 문제가 아니고요. 김씨는 기초생활 수급 대상이 아니었고 그런 게 있는 줄도 몰랐습니다. 어떤 처벌을 받느냐와 별개로 당장 배가 고파서 달걀을 훔칠 수밖에 없었기 때문이죠. JTBC 연속 기사는 본질을 파고 들었지만 여기에서 질문을 멈춰서는 안 됩니다. 친구들과 함께 이야기해 볼까요? 🖼

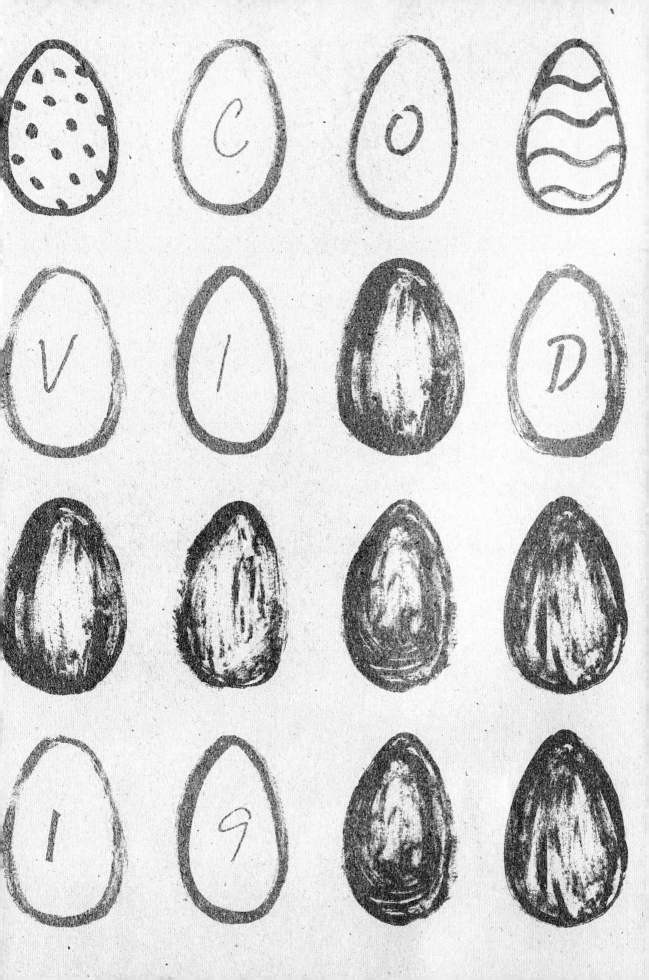

책

아이들 눈에 비친 '육아 예능'

글 장슬기 미디어오늘 기자

연말 지상파 방송에서 진행하는 연예 대상에서 육아 예능 프로그램은 잊을 만하면 상을 탑니다. 사실 그 인기만큼이나 불편한 지점이 많습니다. 보통 육아는 여성들 몫인데 아버지가 아이를 돌본다는 것만으로 주목받는 것도 그렇지만, 더 큰 이유는 리얼리티 프로그램들에 나오는 집들이 너무 크고 좋기 때문입니다.

어린이 책 편집자로 일하다 독서교실에서 어린이들과 책을 읽고 글을 쓰는 김소영 작가는 책 '어린이라는 세계'에서 이 점을 꼬집었습니다.

'세트장'이 아닌 그 유명 연예인들의 실제 집과 거기 사는 어린이들의 모습을 어린이 시청자들도 봅니다. 물론 별 불편함 없이 보는 어린이들도 있습니다. 다만 누군가에겐 꿈꾸기조차 어려웠던 다른 세상 속 집을 보는 어린이들도 있습니다. 육아 예능에서 '작고 허름한 집'은 나오지 않습니다.

어린이라는 세계
김소영 지음 / 사계절 펴냄

"그 어린이는 어떤 상황에서 TV를 보고 있을까? 누구와 볼까? 부모와 함께 볼까? 혼자 볼까? 무엇을 하면서 볼까? TV가 놓인 곳은 어디일까? 그 어린이는 화면 속 아이를 부러워할까? 자기 현실과 너무 먼일이라 아무 상관이 없을까? 만일 상관이 없다면 아무 상관이 없을까? 그런 생각에 화면을 똑바로 볼 수가 없다."(102쪽)

어떤 어린이들은 TV로 세상을 배웁니다. 특히 외로운 어린이들이 그럴 것이라고 작가는 말하죠. 어린이도 볼 수 있는 프로그램이라면 '가장 외로운 어린이'를 기준으로 프로그램을 만들었으면 좋겠다는 바람을 책에 썼습니다.

'육아 예능' 얘기가 나온 김에 하나 더 얘기해보죠. 지난해 자녀 앞에서 아버지가 맞는 모습을 연출해 아이를 울린 뒤 인터뷰까지 진행한 육아 예능 프로그램이 있었습니다. 방송통신심의위원회에서 징계를 받았죠. 이 사건에 대해 작가는 '제작진이 특별한 악의가 없었다'고 생각합니다. 그렇더라도 더 근본적인 문제가 있다고 지적합니다. 바로 "어린이를 감상하고 싶어하는 것"(226쪽)입니다.

흔히 '어린이를 소비한다'는 그 표현을 쓰죠. 작가는 이 말을 자세히 풀어 설명합니다. 때로 어른들은 아이가 너무 예뻐서 아이에게 장난을 칩니다. 혹시 아이가 울면 그 모습도 귀엽다고 생각하고요. 울면 달래주면 되고, 잠깐 울었다고 큰 문제가 있겠느냐고 생각합니다. 작가는 "어린이를 사랑한다고 해서 꼭 어린이를 존중한다고 할 수 없다"며 이러한 '대상화'가 문제라고 지적합니다.

작가는 어린이의 눈높이에서, 어린이가 하고 싶은 말을 함께 해주고, 또래와 어울리는 모습을 보여주는 게 낫다고 주장합니다. 그런 맥락에서 어린이날인 5월5일 하루는 "모든 TV채널에서 어린이 시청자를 위한 프로그램을 방영하면 좋겠다"(243쪽)는 상상을 합니다. 어린이가 주인공인, 철 지난 영화를 틀어주는 게 아니라 어린이들이 원하는 최신 영화나 드라마, 어린이들이 이해할 수 있고 관심을 가질 수 있는 뉴스 보도 등이 필요하다는 제안입니다.

책에는 재밌는 이야기가 하나 나옵니다. 서점에서 색칠공부 책을 꼭 쥔 어린아이가 아빠랑 계산대 앞에 서 있습니다. 아빠가 계산을 이유로 책을 달라고 하자 아이는 고개를 가로저었습니다. 그때 서점 사장님이 "따로 계산해드릴까요"라고 아이에게 물어봅니다. 계산을 마치자 사장님은 아이에게 "따로 담아 드릴까요"라고 물었더니 아이는 그러겠다고 했습니다.

어린이의 눈높이에서 온전한 '한 명'으로 대한다는 건 이런 것이라는 생각이 듭니다.

"아유, 귀여워. 몇 살이야? 아빠 드려야지"(45쪽)와 같은 예상 가능한 질문은 정답이 아닐지 모릅니다. 작가는 이 서점 사장님을 '어린이의 품위를 지켜주는 어른'이라고 표현했습니다.

아이들 눈에 비친 '육아 예능'

215

더 나아가 어린이들의 사회생활도 인정할 필요가 있습니다. 작가는 마리아 몬테소리의 '어린이의 비밀'에 나온 '코풀기 수업'에 대한 경험을 전했습니다.

몬테소리는 '코풀기 수업'이 재밌는 수업이 될 거라고 생각해 준비했습니다. 손수건 사용법 등을 가르쳤죠. 의도와 달리 어린이들은 전혀 웃지 않았고 오히려 진지하게 수업에 참여했습니다.

몬테소리는 "어린이의 사회생활에 있어서 민감한 부분"을 건드린 건지 모른다고 분석했습니다. 어린이들은 코를 흘리는 일 때문에 어른들에게 야단을 맞고 때론 부끄럽기도 했을 것입니다. 다만 제대로 코 푸는 방법을 몰라서 겪는 일이었죠.

코로나19로 고생한 지 1년이 넘었습니다. 코로나 확산을 막기 위한 사회적 거리두기에 '헌신적으로 참여한 집단'이 어린이라는 사실도 잊지 말아야 합니다. 어른은 어린이들의 '놀 권리'를 보장해야 하지만 지난 1년간 어린이들은 어린이집이나 학교에 제대로 가지 못했고 마음껏 놀지 못했습니다. 사회적으로 경제생활과 육아를 동시에 감당했을 학부모 걱정은 있었지만 아이들의 '놀 권리'를 진지하게 고민하진 않았던 거죠.

'어린이라는 세계'는 어린이에 대해 깊이 이해할 수 있도록 도와줍니다. 어떻게 어린이를 존중할 수 있는지 생각해보게 만드는 이 책을 모든 어린이와 어른에게 추천합니다. 주니

오늘 뭐 볼래?

뉴스 연예 스포츠 웹툰·뿜 차·테크 쇼핑 ∨

1~10위   11~20위

NAVER

네이버 실시간 검색어
2005.05 - 2021.02

네이버 '실검', 역사 속으로

글 금준경 미디어오늘 기자

> 네이버 '실검'은 이슈를 가장 빨리
> 확인할 수 있는 창구였습니다.
> 다른 한편으로 '어그로'의 산실이기도 했죠.
> 이젠 역사 속 서비스가 됐어요.

소수가 여론 왜곡 VS 이슈 빠르게 확인하는 통로

'진용진레전드로가겠습니다'. 지난해 포털 사이트 네이버에 뜬 '실시간 급상승 검색어'(실검) 1위 키워드 가운데 하나예요. 이 검색어는 궁금증을 해결하는 영상을 주로 올리는 유튜버 진용진의 실험으로 탄생했어요.

진용진은 구독자들에게 이 키워드를 얼마나 많이 검색해야 순위에 오르는지 알아보자고 제안했어요. 그 결과 네이버 실검 1위까지 올랐어요. 진용진은 해당 키워드와 같은 내용을 담은 자신의 블로그를 만들어 블로그 방문자 수를 집계하는 방식으로 검색량을 측정했는데 무려 방문자가 6만 명을 넘어섰어요. 새로운 키워드로 6만 번 정도 검색을 하면 1위를 만들 수 있다는 결론이 나왔어요.

실시간 급상승 검색어에 올라온 '진용진레전드로가겠습니다'

이 결과를 접한 누리꾼들은 실검을 인위적으로 만들어낼 수 있다는 점에서 '감탄'하는 분들이 적지 않았고요. 네이버의 실검 서비스 운영 자체가 '주작'(조작을 뜻하는 인터넷 용어)이라고 의심하는 분들도 있었습니다. 그리고 "검색해보니까 사칭들이 진용진님이 올린 거랑 똑같이 네이버 블로그에 올려서 어그로 끌더라고요…" 등 실검에 맞춰서 조회수를 얻기 위해 급조된 게시글에 대한 비판이 제기되기도 했어요.

지난 2월 포털 네이버의 실시간 급상승 검색어가 폐지됐어요. 2020년 포털 다음이 실시간 검색어를 폐지했으니, 이제 주요 포털 사이트에서는 실시간 검색어 서비스를 찾아볼 수 없게 된 것이죠.

네이버와 다음은 2005년에 실시간 검색어 서비스를 도입했어요. 특정 시간 내에 검색량이 급증한 데이터를 바탕으로 지금 사람들이 무엇을 주목하고 있는지 보여주는 취지의 서비스로 주목을 받았어요.

하지만 일부 사람들의 목소리가 전체 여론처럼 보일 수 있다는 점에서 비판이 나오기 시작했습니다.

특정 정치인이나 정당을 지지하거나 반대하는 사람들이 정치인을 향한 비난이나 응원을 실시간 검색어로 만드는 경우가 많아졌거든요. 특정 연예인을 향한 명예훼손이나 비방 내용이 뜨기도 했습니다. 아무런 근거 없는 '남희석 이혼' 이라는 루머가 뜨는 식이죠. 정치적인 키워드가 높은 순위에 뜨거나 갑자기 사라질 때마다 '주작' 아니냐는 논란이 불거지기도 했고요.

©Naver

많은 사람들이 실검을 클릭하고 그 결과 블로그 글이나 기사를 읽는다는 점을 악용하는 경우도 많았어요. 진용진의 실험 때 갑자기 똑같은 키워드가 들어간 블로그 게시글이 만들어졌다고 했죠? 포털 블로그나 뉴스 역시 유튜브처럼 조회수가 높을수록 광고를 통해 돈을 많이 벌 수 있는데요. 실검 키워드가 뜨면 별 내용 없지만 해당 키워드를 잔뜩 넣어서 '낚시'를 하는 기사나 블로그 글이 정말 많았어요. 기업이 특정 키워드를 만들어서 광고를 하는 수단으로 변질되는 문제도 있었고요.

물론 실검이 꼭 문제만 있었던 건 아니에요. 실검이 사라진 이후 누리꾼들의 반응을 보면 심심할 때 시간을 보내는 용도로 썼다는 의견이 적지 않았고요. 다른 사람들의 생각이나 지금 핫한 이슈를 알 수 있어서 좋았다는 얘기도 있어요. 실검을 보고 심야 축구 경기 소식을 알게 되거나 갑자기 산불과 같은 재난 상황이 벌어졌을 때 실검 덕분에 필요한 정보를 알 수 있었죠.

　프로듀스X101의 순위 조작 사건 기억하시죠? 2020년 이 프로그램 시청자들은 경찰 수사를 촉구하며 실시간 검색어 총공에 나서기도 했어요. 이렇듯 실검은 한 뜻을 가진 사람들이 모여서 꼭 하고 싶은 말이 있을 때 이들의 목소리를 세상에 알리는 스피커 역할을 해 주기도 했어요. 주밀

생각할 거리

여러분에게 실검은 어떤 존재였나요?

....
....
....

실검 폐지에 대해 친구들과 얘기해봐요.

....
....
....

네이버 '실시간 급상승 검색어' 논란의 역사

2005. 05 — '실시간 검색어' 서비스 런칭 (NAVER)

2006. 01 — '김희애 이혼' 루머 논란 (RUMOR!)

2007. 01 — '황우석 진실' 실검 논란

2007. 05 — '냄새남 실종'등 마케팅 실검 논란

2007. 06 — '실시간 급상승 검색어'로 개편

2008. 05 — '이명박 탄핵' 실검 조작 의혹

2012. 08 — '안철수 룸살롱' 실검 논란

2012. 09 — '검색어 검증위원회' 설립 발표

2017. 03 — 순위 변화 확인 기능 추가

2017. 05 — 후보자 검색시 선관위 정보 공개 (중앙선거관리위원회)

2018. 10 — 모바일 첫 화면 실검·뉴스 제외

2019. 10 — '조국 실검 올리기 대결'

2019. 11 — 이슈별 보기등 맞춤형 실검 개편

2019. 12 — 여야 '실검조작 금지법' 잠정 합의

2020. 4 — 선거운동 기간 서비스 중단

2021. 2 — '실시간 급상승 검색어' 폐지 발표

PICPICK

인터넷 실명제

글 이희욱 주니어미디어오늘 편집장

인터넷에서 글이나 댓글을 쓸 때 본인 확인을 거쳐야 한다는 제도. 인터넷 실명제는 두 종류로 나뉜다.

> ① '선거 기간 인터넷 실명제' [공직선거법 82조의6]
>
> 인터넷언론사는 선거운동기간 중 당해 인터넷홈페이지의 게시판·대화방 등에
> 정당·후보자에 대한 지지·반대의 문자·음성·화상 또는
> 동영상 등의 정보를 게시할 수 있도록 하는 경우[…]
> 개인신용평가회사가 제공하는 실명인증 방법으로
> 실명을 확인받도록 하는 기술적 조치를 하여야 한다.
>
> 위반 시 1천만 원 이하 과태료가 부과된다.

아무개

② '제한적 본인확인제' [정보통신망 이용촉진 및 정보보호 등에 관한 법률 제44조의5]

다음 각 호의 어느 하나에 해당하는 자가 게시판을 설치 · 운영하려면
그 게시판 이용자의 본인 확인을 위한 방법 및 절차의 마련 등
대통령령으로 정하는 필요한 조치(이하 "본인확인조치" 라 한다)를 하여야 한다.

의무 위반 시 방송통신위원회가 시정명령을 내릴 수 있으며,
이에 응하지 않으면 3천만원 이하의 과태료를 부과한다.

인터넷 실명제, 시행에서 폐지까지   선거법 📦   정보통신망법 ⌨️

2005. 08. '선거 기간 인터넷 실명제' 도입 (공직선거법 82조의6) 📦

2007. 01. '제한적 본인확인제' 도입(정보통신망 이용촉진 및 정보보호 등에 관한 법률 제44조의5) ⌨️

2008. 04. 누리꾼 박○○, 공직선거법 실명제 조항 헌법소원 제기 📦

2009. 02. 참세상, 공직선거법 실명제 조항 헌법소원 제기 📦

2010. 01. 참여연대·오마이뉴스·YTN·유튜브 누리꾼 등, 정보통신망법 실명제 조항 헌법소원 제기 ⌨️

2010. 02. 헌법재판소, 공직선거법 합헌 결정(7대2) 📦

2010. 04. 미디어오늘·진보네트워크센터, 정보통신망법 실명제 조항 헌법소원 제기 ⌨️

2012. 08. 헌법재판소, 정보통신망법 실명제 조항 위헌 결정 ⌨️

2013. 10. 다음커뮤니케이션, 공직선거법 실명제 조항 헌법소원 제기 📦

2015. 07. 헌법재판소, 공직선거법 합헌 결정(5대4) 📦

2020. 03. 미디어오늘·오픈넷, 공직선거법 실명제 조항 헌법소원 제기 📦

2021. 01. 헌법재판소, 공직선거법 실명제 조항 위헌 결정(6대3)

유튜브 '필터 버블', 친구들 추천 영상으로 깨볼까요?

청소년들이 추천한 베스트 유튜브 채널 10선

글 디지털리터러시교육협회

유튜브는 세상을 보는 열린 창이 될 수 있습니다. 자칫하면 우물 안에서 세상을 올려다 보게 될 수도 있고요. 책으로 만날 수 없었던 새로운 세상을 열어줄 수도 있습니다. 수천 년 동안 인류의 지식을 축적한 도서관을 떠나 스마트폰에 빠져들 때 우리가 얻는 것과 잃 는 것이 무엇일까요.

유튜브에서는 날마다 10억 시간 이상의 동영상이 재생됩니다. 1분에 500시간 분량의 동영상이 업로드되고요. 2019년 통계를 보면 방문자마다 평균 12분43초 정도 이용하는군요. 유튜브 이용자의 70% 이상이 모바일로 이용한다고 하고요. 세계적으로 모바일 인터넷에서 데이터 이용량의 37%가 유튜브에서 발생한다고 하니까 정말 엄청나죠.

눈여겨 볼 부분은 유튜브 이용자의 70% 정도가 유튜브가 추천하는 영상을 시청한다는 사실입니다. 여러분도 유튜브 영상을 보다가 자연스럽게 추천 영상을 계속 이어서 봤던 경험이 있을 텐데요. 유튜브의 추천 알고리즘이 "아마 이 사람은 이런 영상을 좋아할 거야" 하고 생각해서 보여주는 영상을 계속 따라가다 보면 비슷비슷한 취향의 영상만 계속 보게 되죠. 이런 걸 '필터 버블'이라고 합니다. 필터링이란 건 정보를 특정 기준에 따라 고른다는 의미인데요. 이렇게 필터링을 거친 정보만 받아보다 보면 정보의 왜곡이 생길 수 있다는 거죠.

유튜브의 추천 알고리즘은 중독성이 높습니다. 시간 가는 줄 모르게 빠져들 수도 있고요. 보여주는 것만 보다 보면 보여주는 대로 생각할 수 있다는 게 추천 알고리즘의 함정입니다. '취향 저격' 추천도 있지만 취향과 생각을 바꾸는 경우도 많습니다. '필터 버블'을 벗어나기 위해서는 적극적으로 다양한 채널을 골라 봐야 합니다. 검증된 채널부터 시작하는 것도 유튜브의 세상에서 길을 잃지 않는 방법이 되겠죠.

디지털리터러시교육협회가 1000여 명의 청소년들과 함께 토론하면서 선정한 베스트 유튜브 채널 10선을 소개합니다.

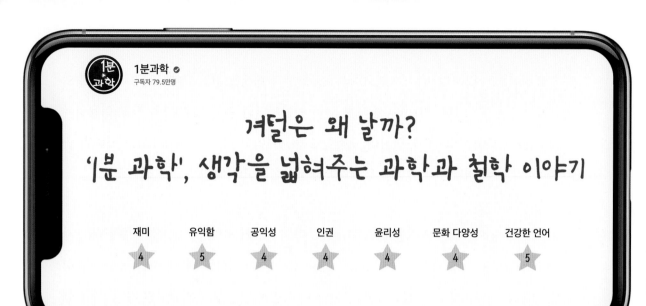

겨털은 왜 날까?
'1분 과학', 생각을 넓혀주는 과학과 철학 이야기

재미	유익함	공익성	인권	윤리성	문화 다양성	건강한 언어
⭐4	⭐5	⭐4	⭐4	⭐4	⭐4	⭐5

철학과 과학을 혼동하면 안 돼요

[1분과학]은 이름에서부터 알 수 있듯이 과학과 관련된 콘텐츠를 전달하는 채널입니다. '1분과학'이라는 닉네임과는 달리 대부분의 영상은 5~11분 정도가 됩니다. '1분'이라는 이름은 실제 영상 시간을 의미한다기보다는 어려운 주제도 가볍게 다루겠다는 의지의 표현이 아닐까 싶습니다.

'겨털에 관한 이야기'와 같이 가벼운 주제부터 '시간은 환상이다.'와 같이 무거운 주제에 이르기까지 폭넓은 내용을 다루고 있습니다. 2016년 6월 첫 영상을 올렸는데 활동 기간에 비해 영상의 양이 많지는 않지만, 참신한 주제를 통해 과학과 철학을 연결하며 생각할 거리를 제공해준다는 점에서 독특한 가치를 지니고 있는 채널입니다.

2020년 9월 채널의 내용을 만화 형식으로 재구성한 '1분 과학' 도서를 출간하였습니다. 커피, 고양이, SNS 같은 생활 속 주제부터 유전자, 시간, 진화와 같이 무거운 주제까지 다루고 있는데, 심오한 내용을 스토리텔링으로 풀어 재미있게 읽을 수 있습니다.

주니어미디어오늘

1분과학 '지금 우주는... 팽창하고 있다!!'

2019년 중반 이후로 약 반 년간 업로드된 영상이 없었습니다. 스스로 단식하는 실험을 진행하다가 뇌 질환에 걸려 건강이 크게 악화되었다 하고, 2020년 1월 다시 영상을 올리기 시작했으나 아직 건강이 좋지 않다고 합니다. 이 때문에 '1년과학'이라는 별명도 얻게 되었습니다.

[1분과학]은 독자 스스로 생각하고 판단하는 노력이 필요한 콘텐츠가 많습니다. 과학과 철학을 연결 지어 사고의 범위를 확장시켜준다는 장점이 있지만, 과학과 철학을 넘나들기 때문에 철학적 내용을 과학적 사실로 오해할 소지도 있기 때문입니다. 따라서 과학과 철학을 연결 지어 생각하되, 동시에 둘을 분리하면서 시청하는 자세가 필요합니다. 이렇게 한다면 융합적인 사고를 키우는 데 더할 나위 없이 좋은 콘텐츠가 될 것입니다.

아직 [1분과학]을 접하지 못한 분에게는 [1분과학] 입문 영상으로 "우주에서 바라본 지구", "시간이라는 환상!!! (과거, 현재, 미래는 이미 존재한다)", "우주가 여러 개다?! (다중우주)", "신이 지금의 인간을 만들었다는 결정적인 증거"를 추천합니다.

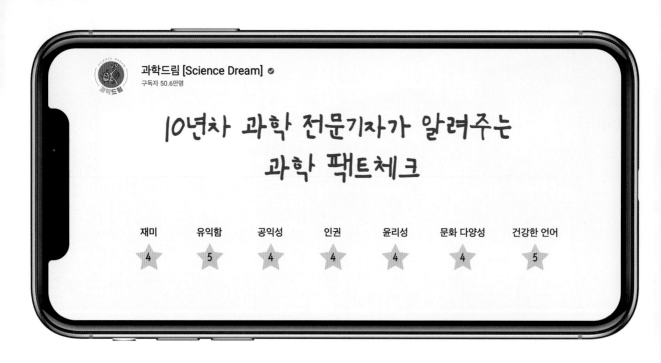

사람을 먹으면 안 되는 이유 알려드릴까요?

[과학드림]은 생물 관련 과학 지식과 정보를 다루는 유튜브 채널입니다. 특히 '진화'에 대해 다룬 영상이 많습니다. 팬덤의 별명은 드리미이고, 프로필을 바꾸면서 마스코트 캐릭터인 셀리와 디나가 생겼는데요. 셀리는 세포를 뜻하는 Cell에서 따온 것이고, 디나는 DNA에서 따온 것입니다.

[과학드림]을 운영하는 김정훈 유튜버는 10여 년의 과학 기자 경력을 갖고 있습니다. 어느 날 문득 글로써 과학을 설명하는 게 한계가 있다는 생각이 들어 영상으로 과학을 전달하고자 채널을 만들었다고 합니다. 세균, 바이러스, 세포에 눈, 코, 입을 붙여 의인화하는 등의 작업을 통해 콘텐츠에 대한 집중도를 높이고 구독자들의 마음을 사로잡았습니다. 자칫 어렵고 따분할 수 있는 생명과학 내용을 쉽고 재미있게 설명하고 있습니다.

과학 콘텐츠의 경우, 과학적 사실에 기반을 두고 근거를 확인하는 것이 중요합니다. 과학 유튜버가 갖춰야 할 가장 기본적인 생산자 윤리이죠. [과학드림]은 발표된 논문을 확인

주니어미디어오늘

과학드림 '사랑니는 왜 이렇게 그지 같이 날까?ㅠ'

하고, 학계에서 인정받는 정설인지 꼼꼼하게 확인하는 것으로 알려져 있습니다. 과거 기자 경험과 인맥을 활용하여 필요하다면 국가기관 등에 직접 문의를 하기도 하고, 때로는 물리 교사였던 '과학쿠키' 이효종 운영자, 한국천문연구원 출신으로 안될과학의 과학커뮤니케 이터 '궤도' 등 각 분야의 전문성을 갖고 있는 다른 과학 크리에이터들과 SNS 대화방을 통 해 지식 품앗이를 하며 검증하기도 한답니다.

이런 신뢰 때문에 일부 영상 중에는 과학기술정보통신부와 한국과학창의재단의 지원을 받아 제작된 것도 있습니다. 2020년 5월에 올린 '사람을 먹으면 안 되는 매우 과학적인 이유!' 영상이 크게 인기를 얻으며, 채널의 인기가 급부상 중이고, 흥미로운 콘텐츠가 많아 앞으로 더 주목할만한 유튜브 채널입니다.

아직 [과학드림]을 접하지 못한 분에게는 [과학드림] 입문 영상으로 '왼손잡이는 왜 오 른손잡이보다 적을까?', '인간은 왜 털이 사라지는 쪽으로 진화했을까?', '인간은 고양이를 어떻게 길들였을까?'를 추천합니다.

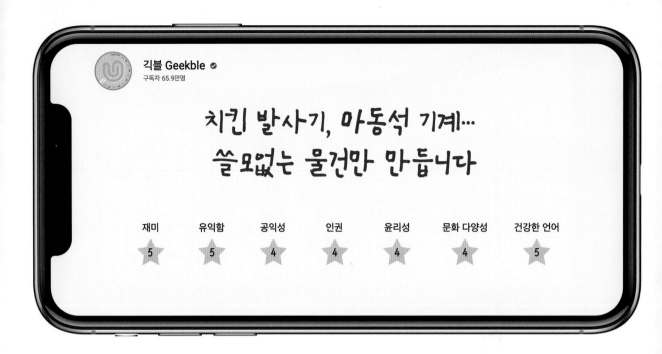

괴짜들은 뭐든 할 수 있어요

[긱블]은 과학과 공학 관련 영상을 올리는 전문 콘텐츠 채널입니다. [긱블]은 영어 합성어로 괴짜를 뜻하는 Geek과 가능하다는 뜻의 Able을 합친 말입니다. '괴짜는 무엇이든지 할 수 있다'라는 의미를 담고 있죠. 주로 영화나 게임에 등장하는 물건들, 쓸모없어 보이지만 궁금한 기계를 실물로 제작해 그 과정을 영상에 담습니다. 예를 들어 아이언맨 광자포, 마동석 펀치 기계, 직접 만든 탱크, 실사판 카트라이더 등 아이디어를 실제로 구현해내죠. 치킨 발사기와 같은 기상천외한 작품들이 [긱블]에서 나왔습니다.

예전에는 구독자들이 궁금해하는 아이디어를 구현해주다, 최근에는 다른 인터넷 방송인의 아이디어를 실현해주기도 합니다. [사물궁이 잡학지식]의 역회전 에피소드에서 "긱블에서 실험해 주겠죠?"라고 언급한 적이 있는데, 실제 [긱블]에서 이 실험을 진행해 주었습니다.

[긱블]은 10명의 포스텍 공대 출신이 구성원으로 있는 과학·공학 미디어 스타트업입니다. 과학과 공학의 순수한 즐거움을 알리기 위해 2017년 1월 창업한 것으로 알려져 있습니다. 4

긱블 '누가 시키는 대로만 하지마'

차산업혁명 시대, 더 어려울 수밖에 없는 과학과 공학 이야기를 재미있고 쉽게 풀어냅니다.

[긱블]은 "학교에서는 열심히 공부하면 멋진 과학자가 될 수 있다고 가르치지만, 즐기는 방법은 알려주지 않았다. 세상에 많은 콘텐츠가 있지만, 본능을 자극하며 사람들의 생각을 마비시키는 콘텐츠들이 많은 것 같다."라고 채널을 시작하게 된 이유를 설명하며, "콘텐츠를 통해서 사람들이 좀 더 상상하고, 창조하는 기쁨을 즐기는 문화를 만들어나가고 싶다." 라고 꿈을 밝혔습니다.

아직 [긱블]을 접하지 못한 분에게는 [긱블] 입문 영상으로 '떨어지는 물방울을 멈추는 마법의 기계', '직접 만든 알라딘 마법의 양탄자 타고 인싸동 라이딩 하기', '마동석 X 마동석로봇 콜라보했습니다'를 추천합니다.

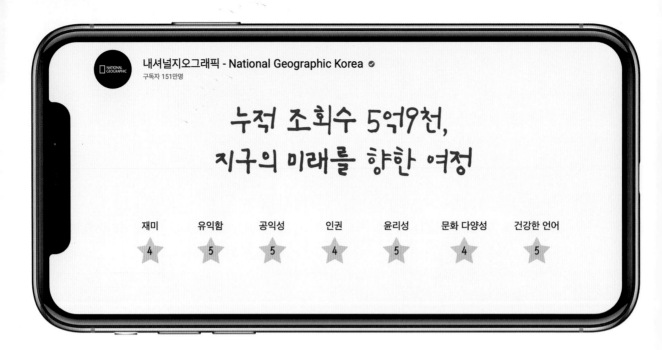

내셔널지오그래픽 - National Geographic Korea ✔
구독자 151만명

누적 조회수 5억9천,
지구의 미래를 향한 여정

재미	유익함	공익성	인권	윤리성	문화 다양성	건강한 언어
⭐ 4	⭐ 5	⭐ 5	⭐ 4	⭐ 5	⭐ 4	⭐ 5

다큐의 지존, 클립 영상만 봐도 신나요

[내셔널지오그래픽]은 내셔널 지오그래픽 TV 채널로 더 많이 알려져 있죠. 자연, 과학, 문화, 역사, 과학 프로그램과 다큐멘터리를 방송하는 내셔널 지오그래픽(National Geographic) TV는 내셔널 지오그래픽 협회와 월트 디즈니 텔레비전이 소유한 방송 채널입니다.

[내셔널지오그래픽]은 정확하게 말하자면 미국의 전미 지리학회(National Geographic Society)와 학회에서 발행하는 취재물을 한데 이르는 말입니다. 많은 사람이 영상 다큐멘터리를 주로 접하지만, 1888년부터 현재까지 130여 년 동안 매달 발간되어온 학회지와 교양지가 있고, 가끔 단편 드라마도 제작합니다. TV 채널의 경우, 월트 디즈니 컴퍼니에서 운영을 맡고, 학회가 대다수의 콘텐츠를 공급하는 형태입니다. 유튜브 채널은 TV에 방영된 영상의 주요 장면들을 짧은 클립으로 나누어 업로드하고 있습니다.

[내셔널지오그래픽] 유튜브 채널에는 약 3천 개의 동영상이 있습니다. [내셔널지오그래

주니어미디어오늘

내셔널지오그래픽 '화산 폭발로 인한 거대 쓰나미'

픽]의 콘텐츠를 접하는 것은 단지 높은 퀄리티의 영상을 시청한다는 의미가 아닙니다. 지구와 생명에 대해 느끼고 생각하며, 지구의 미래를 향한 여정을 떠나는 것과 같습니다.

[내셔널지오그래픽]에서 제공하는 높은 수준의 영상을 무료로 볼 수 있고, 가치를 느낄 수 있다는 것은 참 감사한 일이 아닐 수 없습니다.

아직 [내셔널지오그래픽]을 접하지 못한 분에게는 [내셔널지오그래픽] 입문 영상으로 "설원에서 펼쳐지는 혈투, 회색 곰 vs 회색 늑대", "현미경으로 들여다 본 자궁 속의 성장", "해변가로 나온 백상아리", "죽은 어미 캥거루의 주머니 안에서 발견된 새끼 캥거루"를 추천합니다.

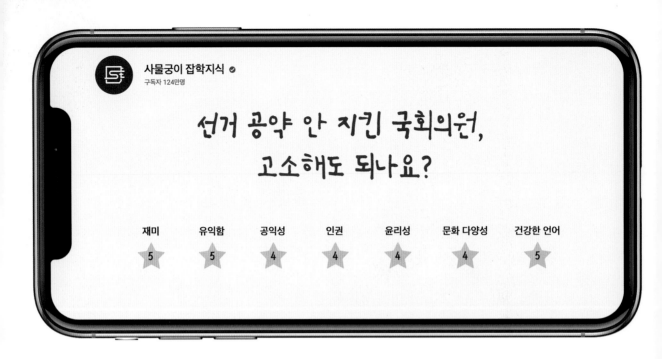

S
사물궁이 잡학지식 ✔
구독자 124만명

선거 공약 안 지킨 국회의원, 고소해도 되나요?

재미	유익함	공익성	인권	윤리성	문화 다양성	건강한 언어
⭐5	⭐5	⭐4	⭐4	⭐4	⭐4	⭐5

세상에 중요하지 않은 궁금증은 없어요

[사물궁이 잡학지식]은 일상 속 궁금증을 풀어주는 채널입니다. '사물궁이'라는 이름에 이 채널의 특징이 잘 담겨있습니다. '사물궁이'란 '사소해서 물어보지 못했지만 궁금했던 이야기'의 줄임말입니다. 해외 논문에서 전문가 자문까지, 꼼꼼한 자료조사를 거쳐 현상 안에 숨은 과학적 원리와 이유를 밝혀줍니다.

생활 속 사소한 궁금증을 3~5분 분량의 애니메이션으로 만듭니다. 과학적 배경지식이 필요한 내용도 애니메이션으로 쉽고 재미있게 풀어주고, 네티즌이 '설명충'이라는 별명을 붙여줄 정도로 자세히 설명해주기 때문에 이해가 쉽습니다. 애니메이션에 상당한 공을 들이는 것으로 유명합니다. 이 때문에 제작 시간이 오래 걸려 업로드 간격이 길다는 단점이 있지만, 운영자가 고생하는 만큼 독자들에게는 도움이 될 수밖에 없습니다.

개설 1년 만에 구독자가 100만 명을 돌파했고, 이런 인기 때문에 채널에서 다루었던 콘텐츠 중 40개 주제를 엄선하여 책으로 출간하기도 했습니다. 채널이 유명해지면서 중앙행

주니어미디어오늘

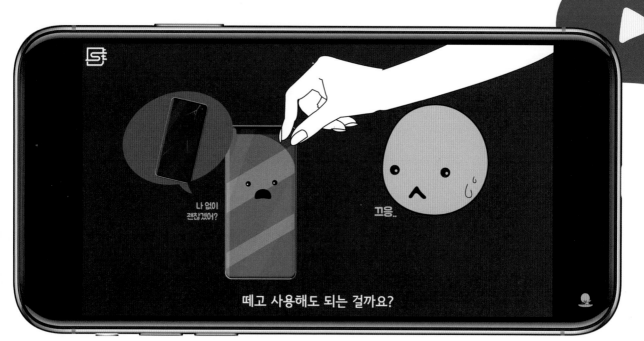

사물궁이 잡학지식 '스마트폰 액정보호필름은 꼭 붙여야 할까?'

정기관, 공공기관, 공기업을 비롯해 여러 대기업으로부터 콘텐츠 제작 의뢰를 받아 일하기도 하고, 최근에는 해외 진출을 위해 영상을 영어로 번역하는 작업도 진행 중입니다.

[사물궁이 잡학지식]은 "오랜 시간 콘텐츠를 제작하면서 세상에 중요하지 않은 궁금증은 없다는 것을 깨달았다"며 "의미 없어 보이는 것에도 중요한 의미가 담겨 있을 수 있기 때문에 당연하다고 생각했던 것들이 가진 의미를 찾아 세상에 알리며 긍정적인 영향력을 행사할 수 있는 사람이 되고 싶다"라고 꿈을 밝혔습니다.

아직 [사물궁이 잡학지식]을 접하지 못한 분에게는 [사물궁이 잡학지식] 입문 영상으로 "엘리베이터가 추락할 때 점프하면 살 수 있을까?", "하늘로 총을 쏘면 어떻게 될까?", "밥 먹고 바로 누우면 정말 살이 찔까?", "선거공약 안지킨 국회의원 고소해도 될까?"를 추천합니다.

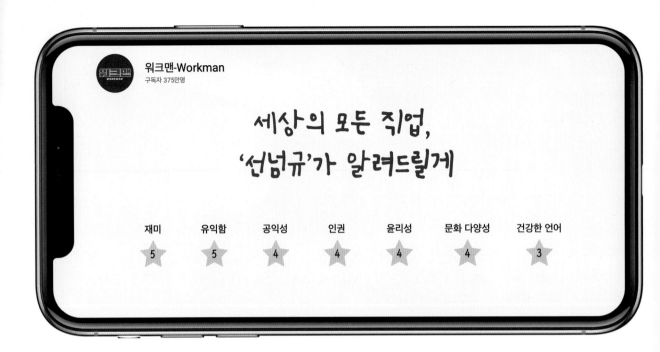

워크맨-Workman
구독자 375만명

세상의 모든 직업, '선넘규'가 알려드릴게

재미	유익함	공익성	인권	윤리성	문화 다양성	건강한 언어
★ 5	★ 5	★ 4	★ 4	★ 4	★ 4	★ 3

극한직업부터 꿀알바까지!

　[워크맨]은 '세상 모든 직업들에 대해서 알려주겠다'는 캐치프레이즈로 시작된 방송입니다. JTBC 아나운서 출신 방송인 장성규가 다양한 직업을 체험해보면서 일자리에 대해 소개하는 채널입니다. 매주 금요일마다 새로운 영상이 업로드되고 있습니다.

　아르바이트에서 전문 직종에 이르기까지 여러 직업을 다루는데, [워크맨]을 보고 있으면, '직업에 귀천이 없다'는 말이 절로 떠오릅니다. 세상에 쉬운 일은 없고, 가치 없는 일도 없다는 것을 새삼 깨닫게 되죠. 디자이너 체험 중 사수 역할을 하던 디자이너와 나눈 대화에서 장성규는 이렇게 말합니다. "생각을 마음껏 펼칠 수는 있지만, 그 생각에 책임을 져야 하는 일 같다."라고요.

　[워크맨]의 장성규는 아슬아슬한 수위의 드립으로 '선넘규(선 넘는 장성규)'라는 별명을 갖고 있습니다. 장성규 특유의 아무렇게나 던지는 드립과 그의 드립을 재치있게 살려주는 편집이 인기의 비결이죠. [워크맨]의 담당 PD는 장성규에 대해 "진지한데 재미있고, 선을

주니어미디어오늘

워크맨 '장성규도 진지하게 만들어버린 역대급 긴급상황, 경찰 직업 리뷰'

넘는 멘트를 해도 얄밉지 않은 것"이 특징이라며, 방송의 콘셉트 상 '선넘규'라는 별명을 얻게 되었지만, "평소에는 늘 존댓말을 쓰고 무척 예의 바를 뿐 아니라, 놀리거나 조금 곤란한 멘트를 한 뒤에는 반드시 상대에게 사과한다."라고 설명합니다. 장성규의 가벼운 드립은 방송의 콘셉일 뿐이니, 가벼움은 재미로 보시고 내용에서 유익함을 얻으려고 한다면 미래 꿈을 키우는 청소년들에게는 유익한 콘텐츠가 될 수 있을 것 같습니다.

2020년 3월 400만 명을 돌파하였으나, 제작진의 일베 용어 사용 의혹으로 사흘 만에 382만 명까지 떨어지는 일이 발생하였지만, 유사한 문제가 발생하지 않도록 신중한 태도로 제작에 임하겠다고 사과하면서 문제가 일단락 되었습니다. 2020년 11월 기존 워크맨(Workman)의 스핀오프 격인 기업탐방 콘텐츠 워크맨(Walkman)이 새롭게 방영되고 있습니다.

아직 [워크맨]을 접하지 못한 분에게는 [워크맨] 입문 영상으로 "사장님도 비추하는 극한 ★고깃집 알바★ 솔직 리뷰", "역대급 복지와 혜택이 쏟아지는 꿈의 직장 NAVER랜드"를 추천합니다.

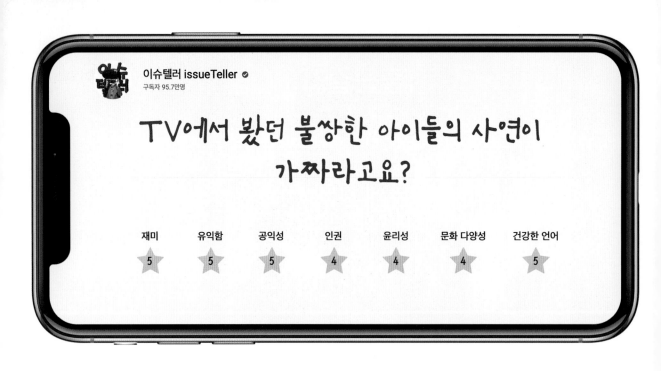

궁금하고 어려운 이슈도 쉽게 쉽게 풀어드립니다

　[이슈텔러]는 이름이 말해주는 것처럼 '이슈를 이야기해 주는 유튜버'입니다. 초기엔 박근혜-최순실 게이트와 같은 이슈를 다루었으나, 최근에는 심리테스트, 일상의 정보 등의 콘텐츠를 올리고 있습니다. 독자들이 궁금해하는 이슈를 풀어주고, 과학적인 지식도 쉽게 설명해줍니다. 어려운 이슈와 지식을 다루지만, 감성 코드가 있어 따뜻함이 있는 채널입니다.

　[이슈텔러]의 운영자는 유일한입니다. 한국에서 고등학교를 졸업한 후, 중국 저장(浙江)성 항저우(杭州)에 있는 국립 종합대학인 저장대학에서 유학 생활을 했습니다. 유일한씨의 자세한 이력은 알려져 있지 않지만, 과거 했던 해외 경험이 현재 일에 많은 도움이 되었으리라 생각됩니다.

　2018년 9월 '이번 생은 틀렸다고 느껴질 때'라는 제목의 책을 출간하였습니다. 제목에서 느껴지는 것처럼 사는게 힘들다고 느끼는 사람들의 이야기를 따뜻하게 담은 책입니다. 그는 책에서 "어떻게 보면 남의 생각을 설득해서 바꾸는 것보다 내 의지로 스스로의 생각을

주니어미디어오늘

이슈텔러 '우리가 라면을 언제부터 먹기 시작했을까? 누가 만들었지??'

바꾸는 게 더 어려운 것 같다. 그래도 결국에는 나를 옭아매던 삶의 속박 하나가 풀어지며 자유롭고 평안해졌다. 행복해지기 위해서는 남을 바꾸기 전에 나부터 바꾸어야 하는게 아닐까. 어쩌면 나를 가장 힘들고 아프게 하는 게 나 자신일지 모르겠다."는 말을 남겼습니다. 평소 자신에 대해 성찰하는 그의 성격을 잘 보여주는 대목이 아닌가 싶습니다.

2019년 '청소년이 선정한 베스트 유튜브 채널' 시상식에 참여하여 "제가 제작한 콘텐츠의 정보가 뇌리에 박혀 어떤 사람은 평생 그것을 믿고 살아갈 수 있기 때문에 늘 무거운 책임감을 느끼고 있다"며 "조회수를 늘리기 위해 자극적인 콘텐츠의 유혹을 느끼는 순간도 있지만, 나름의 신념을 지키기 위해 노력하고 있고, 앞으로도 사회에 선한 영향을 줄 수 있는 콘텐츠를 만들기 위해 노력할 것"이라고 자신만의 채널 운영 철학을 말하기도 했습니다.

아직 [이슈텔러]를 접하지 못한 분에게는 [이슈텔러] 입문 영상으로 "2016년, AI에게 완패한 인간.. 그리고 3년 동안 벌어진 놀랍고 슬픈 일들", "학교 졸업하고 나서 백퍼 후회하는 것들 TOP10"을 추천합니다.

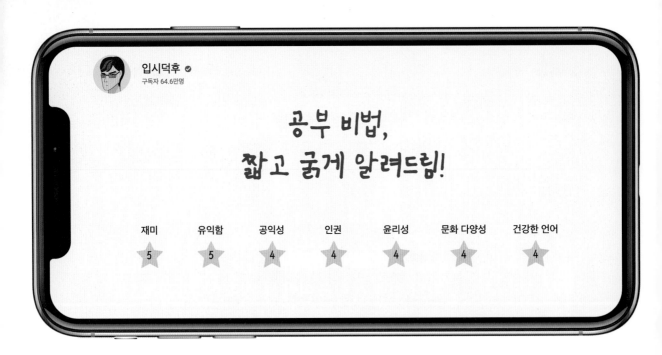

입시 정보가 이렇게 재미있을 수도 있다니

　[입시덕후]는 학생들을 위한 입시 정보와 라이프 정보를 랭킹으로 알려주는 유튜브 채널입니다. 입시, 학교생활, 문제집, 학용품, 학생 아이템 등 학생을 위한 정보를 예능 프로그램처럼 흥미롭게 다룹니다. 입시와 관련이 있는 학생, 학부모, 교사들에게 인기있는 채널이지요.

　처음에는 대학생들이 자신의 학과를 소개하거나 자신만의 공부비법을 소개하는 콘텐츠를 주로 다루었는데, 2018년 8월 대대적으로 개편하면서, 채널 이름을 입시덕후로 바꾸고, 콘텐츠 내용과 제작 방식을 모두 바꾸었습니다. 현재는 '수시 교과 전형 지원 시 주의사항 TOP3', '문과 vs 이과 차이 TOP3'와 같이 유익한 내용에서부터 '학생들이 많이 쓰는 펜 TOP5', '연예인이 가장 많이 나온 고등학교 TOP4'와 같이 가볍게 재미로 볼 수 있는 내용까지 다루고 있습니다.

　[입시덕후]는 재치가 넘치는 채널입니다. 이미지와 내레이션을 통해 중·고등학생의 관심

입시덕후 '학습지 창밖에 버렸는데 선생님이 주워옴ㅋㅋㅋ'

사를 그들의 시각에서 해석하고, 영상으로 담아내는 것이 특징입니다. 내용이 알찬 편이지만, 학생들의 시청 시간을 줄여주기 위해 빠르게 말하고, 말 사이의 호흡마저 지워버리는 빠른 편집으로 영상 길이는 3~5분 내외에 지나지 않습니다. 2020년 12월에는 '시험 기간에 보이는 학생 유형 Top 7'을 소개하였는데, 범위착각형, 인터셉트형, 리액션 장인형, 신비주의형, 징징이형 등 학생유형을 재미있게 표현하여 소개하고, 영상 마지막 부분에서는 바람직한 유형을 제시하여 학생들에게 교훈적인 메시지를 전달하기도 했습니다.

아직 [입시덕후]를 접하지 못한 분에게는 [입시덕후] 입문 영상으로 "역대 수능 만점자 레전드 어록 TOP5", "온라인 수업 학생 유형 TOP5", "취업률 최상위 학과 공개", "황당한 수능 부정행위 TOP5"를 추천합니다.

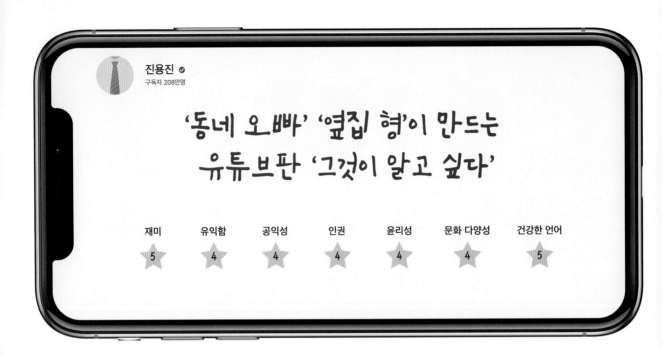

일반인 시사 채널 끝판왕, '진용진'의 목숨은 몇 개일까요?

[진용진]은 시청자들의 궁금증을 쉽게 풀어주는 채널입니다. SBS '그것이 알고 싶다'의 유튜브 버전이라 할 수 있죠. 일반인이 모르고, 궁금해하는 것을 직접 행동으로 보여줍니다.

[진용진]은 연예인, 정치인, 운동선수, 유명 유튜버, 재벌 등 다양한 분야의 유명 인사를 섭외하여 영상의 퀄리티를 높이고 있습니다. 대표적인 유명인으로 국민 MC 유재석, 축구 선수 손흥민, 배우 김상중, 정치인 안철수, 하태경이 출연하였습니다. 농심, 넷마블, 네이버와 같은 기업과 프리메이슨 같은 단체도 초대하였으니 섭외력에 있어서만큼은 최고라 할 수 있습니다.

유명하지 않은 연예인이나 개인 사업체를 출연시켜, 그들이 빛을 볼 수 있게 도와주는 선행도 하곤 합니다. [진용진]에는 '인간리뷰' 콘텐츠라는 코너가 있습니다. 주변 사람 중 누군가에 집중하여 다큐멘터리 방식으로 그들의 삶과 사연을 소개하는데, 잔잔한 감동을 주기도 합니다. 초창기에는 음지로 뛰어드는 잠입형 르포 취재로 위험한 상황이 많았습니다.

주니어미디어오늘

진용진 '시끄럽게 다니는 오토바이나 차, 본인은 안 시끄러울까?'

덕분에 구독자들로부터 '목숨이 여러 개 있는 사람'이란 별칭을 얻기도 했습니다.

어려운 촬영 과정이지만 선을 지키며 주변에 폐를 끼치지 않고 콘텐츠를 제작한다는 점에서 독자들에게 좋은 평가를 받고 있습니다. 항상 촬영 동의 여부를 물어보고, 당사자가 거절할 경우 촬영하지 않습니다. 하지만 최근 사기 전과자들을 섭외해 마피아 게임을 진행하면서 논란이 되었습니다. 영상의 내용 중 문제가 될만한 것은 없었으나, 피해자들을 고려하지 않았다거나 범죄를 유흥거리로 이용했다는 지적이 있었습니다. 반면 전과가 있다는 사실만으로 사람을 매도하면 안 된다는 반박도 있어서 아직까지 갑론을박이 이어지고 있습니다.

아직 [진용진]을 접하지 못한 분에게는 [진용진] 입문 영상으로 "교과서에 나오는 이 그림 실제로 해보면 될까?", "도를아십니까? 잠입취재 해봤습니다.", "선생님들이 수능을 보시면 몇 점 받으실까?"를 추천합니다.

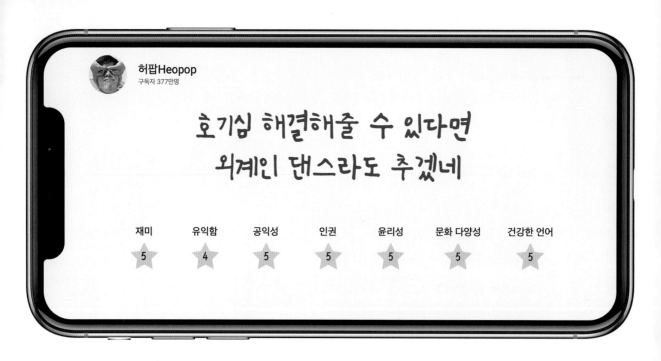

허팝Heopop
구독자 377만명

호기심 해결해줄 수 있다면
외계인 댄스라도 추겠네

재미	유익함	공익성	인권	윤리성	문화 다양성	건강한 언어
★ 5	★ 4	★ 5	★ 5	★ 5	★ 5	★ 5

기부도 열심히 해요~

　[허팝]은 대한민국 육군 병장으로 만기 전역한 부산 출신의 유튜버입니다. 실험 영상과 함께 일상, 여행, 게임 등의 내용을 주로 다루고 있습니다. 초반에는 멘토스, 콜라, 코인티슈, 1000도 쇠 구슬 등 생활에 쓰이는 도구나 음식을 가지고 창의적인 실험을 하였고, 최근에는 대형 실험을 하거나, 기부를 주요 콘텐츠로 다루고 있습니다.

　유튜브 크리에이터가 되기 전 약 3개월간 쿠팡맨으로 택배 회사에 다니며 한 달에 한번 재미로 영상을 올렸다고 합니다. 좋은 반응을 얻자 회사를 그만두고, 2015년 4월 CJ E&M에서 설립한 MCN인 DIA TV와 계약을 맺어 본격적인 활동을 시작했습니다. 호주에서 워킹홀리데이를 한 경험이 있어서 영어가 꽤 유창하고, 영상 업로드 후 1~3일 이내에 영어 자막도 올리고 있습니다. 영상 내용만 보면 주로 10대 시청자 수가 많을 것 같지만 의외로 성인들도 많이 봅니다.

　[허팝]은 기부 천사로 유명합니다. 기부가 즐거운 문화로 인식되기를 바라는 마음에서 기

주니어미디어오늘

허팝 '연탄 필요하다길래... 너무 많이 사버렸는데 어떡하죠'

부 영상 콘텐츠를 제작한다고 합니다. 처음에는 팬들을 위한 나눔으로 시작했으나, 점점 범위를 넓혀 사회에 어려움을 겪고 있는 분들을 도우며 선한 영향력을 몸소 실천하고 있습니다. 2019년부터 본격적으로 '기부'를 콘텐츠로 다루는데, 활발한 기부 활동으로 UN에서 수여하는 '대한민국 봉사 대상'을 받기도 했습니다.

[허팝]은 COVID-19에 맞서 강남역 사거리에서 마스크 10,000개를 사람들에게 나누어주고, 네팔 지진 사태 이후 긴급구호 물품을 보내주기도 했습니다. 2019년 4월 5일 식목일 이후, 강원도 산불 피해 복구에 써달라며 유튜브 활동을 통해 자신이 모은 전 재산 1억 원을 초록우산 어린이재단에 송금하기도 했죠. 이런 모습이 다른 유튜브 크리에이터들, 유튜브 콘텐츠를 소비하는 청소년들에게도 영향을 주어 건강한 사회를 만드는 데 기여하지 않을까 싶습니다.

아직 [허팝]을 접하지 못한 분에게는 "강원도 산불 피해 복구를 위해 전재산 1억 기부하고 왔습니다.", "UN에서 대상 받았습니다!", "5000원이상 기부해주시는 분들에게는 허팝 달력을 선물로 드립니다"를 추천합니다. 주먹

편집장의 말

두 번째 주니어미디어오늘이 태어났습니다. 2021년 1월 발간된 창간호에선 '나쁜 뉴스 해독제'를 주제로 우리 시대 뉴스를 톺아보는 방법을 공유했는데요. 이번 호 주제는 '리터러시, 다르게 생각하는 힘'입니다.

이 주제는 주니어미디어오늘을 만들고 읽는 모든 사람들이 되새겨볼 말이기도 합니다.

주니어미디어오늘은 미디어오늘과 주니어미디어오늘이 지금껏 쌓은 미디어 리터러시 노하우를 다음 세대 청소년들에게 조곤조곤 알려주는 책입니다. 동시에, 여러 마음이 힘을 합쳐 만드는 미디어이기도 합니다. 선생님의 마음, 부모님의 마음, 청소년의 마음입니다.

모두가 한마음이라면야 문제 없겠지만, 우리는 저마다 다릅니다. 배우는 입장, 키우는 입장, 가르치는 입장에서 미디어를 바라보고 수용하고 해석하곤 합니다. 다양한 입장을 잘 조율하는 일은 생각보다 쉽지 않습니다. 그래서 때론 미디어 소비 과정에서 갈등하고 오해하기도 합니다.

주니어미디어오늘은 미디어가 범람하는 세상, 디지털로 변화하는 미디어 세상에서 다양한 시선과 가치관, 비판과 열광을 두루 짚어보려 합니다. 이를 위해 손을 내밀려 합니다. 주니어미디어오늘을 읽는 교사, 학생, 학부모와 미디어 전문가분들, 새로운 미디어 흐름과 소비에 관심 있는 모든 분들의 의견을 듣고 싶습니다. 청소년 미디어 리터러시에 관한 의견이나 아이디어, 협업 요청이나 제안 등은 asadal@mediatoday.co.kr로 보내주세요. 언제든 환영합니다.

특히 주니어미디어오늘의 주 독자인 청소년들의 목소리를 직접 담고 싶습니다. 마침 5월께 발행 예정인 3호 주제가 '리터러시, 디지털 세상의 나침반'이기도 합니다. '디지털 네이티브'인 학생들이 직접 주니어미디어오늘의 학생기자가 돼 주류 미디어 현상과 소비 문화에 대한 의견을 들려주길 기대합니다. 학생기자 모집 조건이나 혜택 등은 주니어미디어오늘 홈페이지(https://www.nextliteracy.co.kr)와 SNS 채널을 통해 곧 알려드릴 예정입니다.

주니어미디어오늘이 다음 세대 청소년들을 위한 미디어 리터러시 길잡이가 되도록 많은 관심과 격려 부탁드립니다.

감사합니다.

주니어미디어오늘 편집장 이희욱 드림

리터러시, 다르게 생각하는 힘

ⓒ 주니어미디어오늘, 2021

초판 1쇄 2021년 3월 22일 찍음
초판 1쇄 2021년 3월 26일 펴냄

지은이   주니어미디어오늘
펴낸이   강준우
기획·편집   미디어오늘
디자인   미디어오늘
마케팅   이태준
관리   최수향
인쇄·제본   SJC성전

펴낸곳   인물과사상사
출판등록   제17-204호 1998년 3월 11일

주소   04037 서울시 마포구 양화로7길 6-16 서교제일빌딩 3층
전화   02-325-6364
팩스   02-474-1413

www.inmul.co.kr | insa@inmul.co.kr

ISBN 978-89-5906-598-1   03300

값 15,000원